U0630960

智慧工厂：中国制造业探索实践

邱华强　吴贯英　黄俊俊　著

北京工业大学出版社

图书在版编目（CIP）数据

智慧工厂：中国制造业探索实践 / 邱华强，吴贯英，
黄俊俊著 . — 北京 ： 北京工业大学出版社，2020.4（2021.11 重印）
　　ISBN 978-7-5639-7420-7

　　Ⅰ．①智… Ⅱ．①邱… ②吴… ③黄… Ⅲ．①制造工
业－工业发展－研究－中国 Ⅳ．① F426.4

中国版本图书馆 CIP 数据核字（2020）第 077498 号

智慧工厂：中国制造业探索实践

ZHIHUI GONGCHANG：ZHONGGUO ZHIZAOYE TANSUO SHIJIAN

著　　者：	邱华强　吴贯英　黄俊俊
责任编辑：	张　贤
封面设计：	点墨轩阁
出版发行：	北京工业大学出版社
	（北京市朝阳区平乐园 100 号　邮编：100124）
	010-67391722（传真）　bgdcbs@sina.com
经销单位：	全国各地新华书店
承印单位：	三河市明华印务有限公司
开　　本：	710 毫米 ×1000 毫米　1/16
印　　张：	12.25
字　　数：	245 千字
版　　次：	2020 年 4 月第 1 版
印　　次：	2021 年 11 月第 2 次印刷
标准书号：	ISBN 978-7-5639-7420-7
定　　价：	48.00 元

作者简介

邱华强，毕业于中国农业大学，现为国家职业一级（高级技师）职称，供职于北京科恩威望洗涤设备有限公司任副总经理，主要研究方向：洗染行业发展方向、工业自动化洗涤设备。

吴贯英，毕业于大连理工大学，2009年进入大连小松雄连机械制造有限公司从事运营管理工作至今，并于2013年创立大连智云科技有限公司，主要研究方向：离散制造企业运营管理与文化变革、智能工厂规划、制造业信息化数字化转型、精益生产与六西格玛等。

黄俊俊，毕业于美国阿什兰大学，目前任高级项目经理，主要负责新海科技集团有限公司智能工厂项目，同时也是新跃医疗股份有限公司智能居家养老项目主要负责人，主要研究方向：智能工厂和智能医疗。

前　言

　　制造业是国民经济的重要支柱和基础，当前我国正处于加快推进工业化进程中，制造业发展尤为重要。伴随着新一轮产业革命和全球产业竞争范式的转变，我国经济发展逐渐步入工业化后期，经济增长正由高速转入中高速的"新常态"。当前，我国已经是世界第一制造业大国，不少工业品产量居世界第一位，一些产品产量甚至比世界其他国家生产的总和还要多。未来我国制造业发展的主要任务是"从大到强"。"中国制造2025"是我国从制造业大国到制造业强国转变的一次尝试和努力，是第一个专门规划。"中国制造2025"也是应对第三次工业革命、"互联网＋"技术发展和发达国家"再工业化"的产物，就其内容而言，可以概括为"一个使命、一条主线、两大方向、两大任务、三大愿景、四大转型和十大领域"。

　　本书共分七章，对中国制造业探索实践做了比较全面的介绍。第一章到第三章，主要介绍了自动化、工业自动化设备和工业自动化的应用；第四章到第五章，主要介绍了制造业信息化转型和制造业数字化转型；第六章，主要介绍了智能工厂。在对不同行业的分析中我们发现，只有不断提高制造业的效率，通过优化技术设备来提升制造业的产业素质，我国才能够逐步由制造大国转变为制造强国，才能够推动国民经济健康、持续、快速发展。

　　在撰写本书过程中，笔者查阅了大量的资料文献作为参考，引用了相关领域的最新成果与资料，在此向相关的专家和学者致以衷心的感谢。由于笔者时间和精力有限，书中不足之处在所难免，敬请各位同行和广大读者批评指正。

目　录

第一章　自动化

第一节　自动化的概念与发展

一、自动化的定义

从金属加工业分件制造的生产过程来看，自动化是一种把复杂的机械、电子和以计算机为基础的系统应用于生产操作和控制中，在较少人工操作与干预下自动进行的技术。在自动化生产中应用的系统一般由自动机床，物料自动搬运系统，自动装配机，信号检测数据采集系统，计算机过程控制系统，为支持制造活动来收集数据、进行规划和作出决策的计算机控制系统六部分组成。因此，多数人认为工业自动化就是将多台设备组合成有机的联合体，用各种控制装置和执行机构进行控制，协调各台设备的动作，校正误差，检验质量，使生产全过程按照人们的要求自动实现，并尽量减少人为的操作与干预。

二、生产

工业生产（简称生产）是原料在体力劳动、脑力劳动、机械、特殊工具的综合作用下成为市场上有价值的商品的变化过程。生产是一步接一步进行的，其中每个步骤称为"生产工序"。根据生产工序的性质其分为两大类，一类生产具有连续的特征，如化工、石油、粮食加工等；另一类生产以"件料"为对象，具有间断的特征，如汽车、计算机、电子产品等产品的生产，本书主要讨论件料生产中工业自动化设备问题。

尽管工业生产的产品品种繁多、大小悬殊、用途不一、形状各异，但就生产方式来划分，其一般可分为大批量生产和多品种中小批量生产两种类型；就生产工艺而言，其又可分为冷加工、热加工及特种工艺（如注塑、电泳等）。

从整个生产过程来看，不论哪种方式或工艺的生产都可以分为以下三大环节八个主要过程：第一，设计——设计过程；第二，制造——生产准备过程、工艺准备过程、加工过程、检验试验过程、装配过程、辅助生产过程；第三，管理——生产管理过程。

生产总是在一定处所进行的，这个处所就是生产车间或工厂。依据生产的量和速度，生产车间有三种类型：单件生产、批量生产、大规模生产，这种分类常与件料生产有关，但也适用于加工工业的一些车间。单件生产车间的特点：产量低、批量小，往往每一类只生产一件或几件来满足用户特殊的订货要求；车间的生产是多样性的，生产设备必须是通用的、柔性的；车间工人的技术水平相对要高，只有这样才能满足不同工作任务的需要。单件生产车间的产品有宇宙飞船、飞机、特殊工具、新研制设备、产品样品等。批量生产是指以中等批量来生产同一种产品，这种批量可能只生产一次或每隔一定时间生产一次。批量生产的目的是满足用户对特定产品的不断需求。批量生产是根据用户需求组织产品的生产，此类生产的待产品库存增多至一定程度后车间就转产其他订货。一旦原产品库存枯竭，再生产原产品将增加库存，因此批量生产所用设备应是通用的，生产率应较高，对工人技术水平的要求较低。批量生产的产品有各类工业设备、家具、教科书等。大规模生产是指不断专门生产同一种产品的生产。其特点是设备专用于生产某一特定产品，设备生产率高，刀夹量具专用，对工人的技术水平要求低。大规模生产的产品有螺钉、螺帽、电阻、电容等。

大规模生产可分为两种类型：一类是大量生产，比如在冲床、塑料注射成型机和自动攻丝机等高生产率的标准专用机床上大量生产的单一零部件；另一类是流水作业生产，它包括生产复杂的单一零部件（如汽车发动机组件），也包括组装产品。这两种情况中，产品都通过物料传送装置如"流水"般经过一系列工序。流水作业生产也包括复杂产品的手工或自动装配作业。

值得注意的是，生产车间的三种类型在程度上是相互交错的，要在不同类型的车间之间划出明显的界限是很困难的。

为对应生产车间的三种类型，工厂内部设备的实际布局也有三类：第一，定位布局，即产品置于原地不动，将设备布置在产品周围，以便就近对产品进行加工，生产的产品体积大或分量重时，都采用这种布局，如大型飞机的组装和造船就采用定位布局，定位布局常和单件生产有关；第二，工序布局，即从事生产的设备按加工类型分组，比如车床一组，钻床为另一组等，这种布局具有一定的柔性，不同的零部件虽有其特有的加工工序，但可以利用铲车、手推车按适当的顺序通过各加工工序，这种布局在单件、批量甚至大量生产中是常见的；第三，产品流程布局，此布局是一种适应大量生产的设备布局方式，对复杂的组装产品和需要进行冗长工序加工的产品，这种布局能得到最大效果，产品流程布局的设备都是沿着产品的流水作业线放置的，工件传送装置将工件从一个工位依次向下一工位传送，直至完成全部加工工序或装配工序，设备的这种布局相对来说是非柔性的，它只适用于大量生产。上述三种布局是生产车间传统的、常见的类型。

从上面的讨论可知，原材料或毛坯通过设备的作用变成产品的全部劳动过程称为生产过程。生产过程是指有关产品生产活动的总体，除此之外，人们还经常使用工艺过程这一术语。

在产品设计、生产准备、工艺准备及加工环节，还经常使用工位和工步概念。零件或装配单元在一次固定时，相对于加工设备的每一个不同位置称为一个工位。工步是工序的一部分，它是指在工具（或同时工作的一组工具）加工用量不变的情况下，加工零件一个表面（或一组表面）的过程。如果改变加工表面、工具、加工用量中的任一因素，就形成另一道工步。

三、自动化的主要内容

（一）设计过程

以机械工业为例，设计人员一般占技术人员的 10% ～ 15%，设计工作中将近 50% ～ 60% 的工作量是制图和其他一些重复性劳动，而且这些设计工作长期停留在经验设计的水平上，因此设计过程工作量大、周期长、质量低、设计的产品材料消耗多且安全裕度过大。如何应用计算机进行产品设计、性能分析和模拟试验已经被人们提到了日程上。20 世纪 60 年代，国外将计算机辅助设计技术（CAD）成功应用于飞机、汽车、船舶、电机和变压器等机电产品的设计中。现在 CAD 技术已由初期的检索型发展到人们较普遍采用的会话型，在微型机广泛应用的基础上，又出现了所谓台式 CAD 系统，并且人们已经研制出了许多通用的标准程序和许多新的性能模拟试验、分析和评价方法。目前其进一步发展的目标是与计算机辅助生产（CAM）连接起来，实现 CAD 与 CAM 一体化系统。

（二）生产准备过程

生产准备过程包括人们根据公司销售和市场信息部门提出的产品订货订单，考虑生产纲领、本厂设备及库存情况；编制材料、刀具、元器件、专用设备等需用，采购，外协加工委托计划；必要时其中甚至包括专用生产基地厂房的建设等任务。在这些工作中可以相应地采用各种自动化技术和手段，以提高工作效益和减少差错。

（三）工艺准备过程

工艺准备过程包括人们根据设计图纸、技术装备水平及产品批量等因素选择加工设备；确定加工工艺及技术要求；设计零件制造、产品装配的工艺过程，编制材料明细表；确定工模具、夹具、量具等的设计制造，准备外协加工件的验收方法及手段。在这些工作中，有些工作已经实现了相当程度的自动化。

（四）加工过程

加工过程这个领域应用自动化技术最早，从大批量生产中采用的各种高效专用机床、组合机床、自动线，到多品种、小批量生产中采用的数控机床和组合机床，还有近年来采用的成组技术和柔性加工系统，它们都应用了自动化技术。各种类型的调节器、控制器，特别是计算机和微型机的大量应用，更加快了加工过程自动化发展。

（五）检验试验过程

在自动化单机、自动线等的工作过程中，出于保证产品质量、提高精度和为操作者提供安全保护等目的，往往需要进行自动测试。各种传感器的出现使原材料、毛坯、零部件等的性能，外形尺寸，特征，加工和装配的工位状况，设备工作状况，材料、零件的传送情况，产品性能等的检测试验都成为可能。各种各样的放大器、转换器、传送器显示和记录装置促进了自动检测技术的发展，使机械工业的检测技术由过去的离线、被动、单参数、接触式检测转向使用计算机的在线、主动、多参数、非接触式快速检测。

（六）装配过程

在机械工业中，装配工作量约占20%；电子工业中，装配工作量有时高达70%，因此，装配过程自动化意义重大。装配作业自动化包括零件供给、装配作业、装配成品、运送等方面的自动化。从装配作业来看，自动化方向是研制高生产率的数控装配机、自动装配线、装配机器人；从整个生产过程来看，自动化是将装配作业与CAM和自动化立体仓库相连接。

（七）辅助生产过程

辅助生产过程包括毛坯、原材料、工件、刀具、工夹具、废料等的处理，搬运，抓取，中间存贮，检修等，由于该过程花费的时间占生产时间的 95% 以上，并且费用占 30% ～ 40%，因此研制各种自动化物流装置得到各国普遍重视，各种悬挂输送、自动小车输送，高架立体仓库、机械手和工业机器人已经广泛应用于各个领域。

（八）生产管理过程

生产管理包括车间或工厂的各种原材料、工具、存货的管理，生产调度，中长期规划，生产作业计划，产品订货与销售，市场预测与分析，财务管理，工资计算，人事管理等。生产管理自动化就是利用计算机技术按照订货或任务要求，通过各个管理子系统，对器件、设备、人力、技术资料进行组织和协调，保证在规定的时间、人力和消耗限额（包括能源、资金、器材等）内完成生产任务。

从另一种角度看，生产过程所进行的生产活动，实际上由物质流和信息流两个主要部分组成的。物质流指物质的流动和处理，包括原材料、毛坯、模具、半成品、成品、废料、能源的流动，处理（加工），变换。信息流指信息（包括加工指令、数据、反映生产过程各种状态的资料等）的流动和处理。

要实现物质流动和处理的自动化就必须有相应的自动化设备，如自动化单机、生产线、装配线及各种物料搬运系统；要实现信息的流动和处理的自动化人们必须适时检测、收集信息，然后利用计算机进行自动处理。

四、自动化的技术水平

（一）自动化单机方面

传统加工方法难以加工的高强度、高熔点材料，将出现新的加工方法与相应的设备，如电物理、电化学、激光复合加工、离子注入等，并以此为基础组成复合生产（包括加工、装配）系统。微型机控制的数控机床、自动传送装置、自动装配机、装配机器人、应用自适应控制系统的加工设备、柔性制造系统（FMS）和自动化工厂将得到广泛的应用和发展。

（二）产品设计方面

CAD 的硬件和软件将快速发展，CAD 和会话程序将越来越多地应用于机床设备、工夹具等产品的设计工作中，CAD 与 CAM 的联系将更加紧密。

（三）自动检测方面

新型传感器的开发与应用、自动检测的程控技术、自动检测与质量控制系统的连接将会有较大发展。

（四）加工制造方面

各类计算机将大量用于加工过程的数控、数控编程和装配作业的自动化工作中。成组技术、自动检测和数控装配、可编程自动装配、计算机辅助制造和材料库、零件库、装配过程的连接将会在应用范围和数量上继续增大。

（五）综合自动方面

在 CAD、CAM、FMS 和车间自动化的基础上，全厂性综合自动化将具有较高水平。为此，智能型具有自适应控制或带诊断系统的生产设备的研制工作将有所突破，从而实现无图纸的全盘自动化生产，也就是组成从设计、制造到管理全部综合自动化的集成生产系统（IMS）。

更高程度的自动化在经济方面和社会方面将获得更大的效益，这表现在如下几个方面。

①提高劳动生产量，也就是每小时产品产量将提高。

②提高产品质量，降低原材料消耗。

③缩短产品设计至实际投产的时间。

④减少在制品的库存。

⑤改善操作环境，实现安全生产等。

五、自动化科学技术的发展趋势

（一）计算机技术进展

自动化学科的发展与计算机技术的发展密切相关，且与该学科大多数研究领域相互渗透、相互交叉。计算机技术的网络化、多媒体化及并行处理和并行计算等都对自动化技术产生了深远影响。在论及自动化学科的发展趋势时，人们必须清楚计算机技术的发展趋势。据计算机权威人士预测，未来 10 年内计算机技术的发展趋势包括以下几点。

第一，从人围着计算机转，发展成计算机围着人转。

第二，从计算机具有联网功能，发展成网络具有计算功能。

第三，从源于符号获取信息，发展成源于信息获取知识。

第四，从人应用计算机增长知识，发展成计算机在被人使用的同时优化功能。

第五，多通道控制模式。

第六，计算机仿真与虚拟现实。

第七，智能体发展。

所有这些技术趋势都将对自动化学科的发展带来深远的影响。

（二）信息网络环境下的自动化理论

目前，互联网正在成为人们生活的必备部分，自动化技术也必然随互联网的发展而发展。实际上，自动控制网络化已经成为一种趋势。通信技术、计算机技术、海量信息处理技术、多模式人机交互技术、分布式自律控制系统和多智能体技术都是对自动化工程技术人员提出的新挑战，尤其是如何研究发展网络环境下的自动化理论，更是一个新课题。

（三）智能自动化技术

以人工生命为主题的研究将对智能自动化技术带来深远的影响。尽管人工智能发展经历了曲折的历程，但它大大促进了智能自动化技术的发展。在未来的数十年中，人工智能、人工心理、人工情感和人机和谐等将会取得更大的进展。人性化的自动机器将会出现在人们的面前。

（四）生物技术与控制论

生物技术实质上就是人们对生命本质的探索。生物学正在从以描述性为主的情况向定量化和可预测性方向发展。生物学将从过去以分析为主转变为以分析与综合为主。不论在宏观上（即整个生物个体的宏观状态），还是在微观上（即在基因层次上），生物的调控作用都符合控制论原理，可以用控制理论去分析。人类基因组计划预计在最近几年内即可完成。随着该计划的完成，科学家得到了大量关于基因的数据。以系统和综合的观点去理解生物，这就是当前分子生物学研究面临的新挑战，而找到解决这一问题的线索可能就在控制理论与生物学相结合的研究上。

了解生命的科学原理是自然科学和各学科的长期追求。科学界普遍认为，控制论和自动化推动了生命科学的进步，并且还将起到引导和推动作用。

第二节　自动控制系统

一、自动控制系统的组成

自动控制系统是由被控对象（简称为对象）和自动控制装置按一定方式连接起来，能自动完成一定控制任务的系统。其基本特征是控制系统中各个组成部件之间存在着控制和信息联系，控制的目的是使被控对象的输出能自动按预定的规律运行，并达到预期目标。

（一）自动控制装置

1.被控对象

被控对象是控制系统所控制和操纵的对象，一般指所需控制的设备或生产过程。

2.执行机构

执行机构根据控制信号的大小和方向对被控对象进行直接操作，使其被控量按要求发生变化。用来作为执行机构的有气动调节阀、电动调节阀、电动机及液压马达等。

3.测量元件

测量元件用来测量被控量（系统输出量）的实际值，并经过信号处理转换为与被控量有一定函数关系，且与控制输入信号具有同一种能量形式的信号。测量元件是一种典型的反馈部件。

4.校正装置

校正装置也称为控制器或补偿装置，它是为了改善控制系统的控制性能而加入的。它根据误差信号按照某种控制规律产生控制信号，通过执行机构对被控对象施加影响，使被控对象按照预定要求进行工作。校正装置又根据其在控制系统中的位置不同，分为串联校正和并联校正。最简单的校正装置是由电阻和电容组成的无源或有源网络。

5.放大元件

放大元件将控制器输出信号放大并进行能量形式变换，使其在形式、幅值及功率上能满足执行机构要求。它包括用晶体管、晶闸管及集成电路等组成的电压放大器和功率放大器。

6. 给定装置

给定装置是指计算机根据工艺要求给出被控量的期望值来产生控制输入信号的装置。

7. 比较部件

比较部件用于对控制输入信号进行比较，从而得出偏差信号，常用的比较部件有差动放大器、机械差动装置和电桥电路等。

（二）控制系统常用的名词术语

1. 系统输入量

系统输入量也称给定值，它是指对系统输出量的预定要求（期望值），其数值大小与生产工艺有关。

2. 控制输入信号

控制输入信号也称给定信号，它是给定装置的输出信号，也是直接作用于比较部件上的输入信号，是与反馈信号具有同一种能量形式的信号。

3. 系统输出量

系统输出量也称被控量，它是由控制系统加以控制的被控对象的运动参数或状态的物理量。

4. 反馈信号

反馈信号利用测量变送元件把系统输出量检测出来，经变换处理后送回系统输入端的比较元件中去。如果反馈信号与控制输入信号相减，则称为负反馈信号；反之，如果相加，则称为正反馈信号。

5. 误差信号（误差）

误差信号是控制输入信号与主反馈信号之差。

6. 扰动

扰动是指那些对系统输出量不利的信号，它使被控量向偏离给定值方向变化。如果扰动产生在系统的内部，称为内部扰动；反之，当扰动产生在系统的外部时，则被称为外部扰动。

二、自动化设备的分类

工业自动化设备根据不同的原则有多种分类方法。

按工艺过程的性质可以分成两类：连续的和间断的。前者在化工、粮食加工行业普遍应用，后者在以件料生产为对象的机械行业和电子行业中广泛应用。

按设备的布置形式分为立式、卧式等形式。

另外，为了揭示各种待选择工艺过程与设备之间的内在联系，以便设计完善的工艺和合理的自动设备设计方案，人们可按工艺运动和工件传送运动之间的关系将工业自动化设备分成以下四类。

第一类是加工工艺运动与产品的传送运动互相牵制，在加工中停止传送，在产品传送过程中不能进行加工，如自动冲床的上下料动作就不能与冲压动作同时进行。

第二类是工艺运动与工件的传送速度互不制约，工件在传送过程中被加工，而且工具伴随工件一起向前运动，如某些包装机。

第三类是加工的工艺速度与工件的传送速度相同，即产品在传送过程中同时被连续进行加工。这类自动设备传送速度不能过快，否则会影响加工质量和工具的耐用度。

第四类是产品在通过机器工作部分的连续运送过程中完成加工，一次可以加工不定数量的产品，如自动退火炉、干燥机、表面处理自动线等。

上述四类自动化设备中，第四类设备的生产率最高，但适用范围有限。第二类设备的生产率次之，但适用于多种工艺过程，是实现工艺过程自动化的最理想的设备。

若按机器的功能来分，其可分为装配机器、检验机器、测试机器、包装机器等。

第一，装配机器。装配是将两个或两个以上的零件（部件）按照一定的要求加以连接的过程。最基本的装配操作过程：将工件 A（基件）定位于机器某个确定位置，将工件 B 以确定方位传送到相对于 A 的某个确定位置，把 B 连接到 A 上。此外，为满足其他要求，该机器还应具有检测工件位置、检测工件方位、检查 A/B 的连接、输送已连接的工件、重复 A/B 工件连接等功能。

第二，检验机器。其是用于检查零件或装配件的物理（如尺寸、重量、磁性等）或其他性能的机器。机器的工作过程：将被测工件传送至相对于探测器的某确定位置，进行测量（此时有三种方法：测量头移动、工件移动或两者皆不移动时启动测量系统），将测量结果传送到有关地方（如控制器、显示器、存储器）。其中，第一步工件定位最为重要，它直接影响了测量误差。

第三，测试机器。它用来测量零件或装配件对已知输入的反映情况。其输入可能是电信号、温度、压力等，其输出多为电信号。测试机器的工作过程：

将工件定向传送至相对于输入装置和测量头的某确定位置，进行测量，传送测量资料，传送已测量的工件。

第四，包装机器。包装机器的主要功能是将工件装入容器（袋、箱、盒、瓶等）或包装材料内，然后对工件进行装入、包卷、捆绑等，包装机器的辅助功能有贴标签、计数和分类等。其操作过程：将工件定向传送至相对容器（或包装材料）的某确定位置，执行包装动作，完成辅助功能，成品输送。包装动作一般需经过多次操作，工件可能需沿多轴旋转才能实现。

按材料输送方法自动化设备可分为连续输送机器和间歇输送机器两类。在连续输送机器中，工件和加工动力头做同步移动，在移动中实现切断、铣削、非接触式检验、沿缝焊接等操作，具有较高的生产率。间歇输送机器在加工操作时，工件和加工动力头不会有相对移动。按照布置形式，连续输送机器又可分为回转式和直列式。间歇输送机器还可细分为回转式、直列式和自由输送式。前两种必须有分度机构，而在自由输送机器中，工件一般装在随行夹具或托盘上，随行夹具或托盘又自由地放在连续运转的链式输送装置上，靠摩擦力由链式输送装置输送，也可以将装有工件的托盘放在输送小车（无轨或有轨）上，靠小车输送。这种输送方法与具有严格循环的间歇回转式和间歇直列式不同，它可以在各个加工、制造等工作站前建起缓冲区，并允许各工作站的工作循环时间不同，这就大大简化了控制系统，增加了机器系统的柔性，提高了生产率。自由输送机器有时也称弹性机器，此种观念用于大型制造系统时就称为柔性制造系统（FMS）。

按工位数工业自动化设备可分为单工位机器、回转转位机器、自动生产线三类。单工位机器可以对一个工件实现若干种加工，在整个操作过程中工件一直被固定在某个位置上，加工动力头则设置在工件的周围。单工位机器的生产率属中低水平，工件周围有限空间限制了加工动力头数是它的主要缺点。回转转位式设备可同时对几个或几十个工件进行一系列加工，因此具有较高的生产率。自动生产线则是高度自动化、高生产率的设备。自动生产线可以根据需要安排更多个工位，连线机床可以采用串联、并联、串并联方式，在工位之间可以设置料库、检验工位、转位工位及其他辅助工位，甚至可以设计成能生产几种不同规格的同类产品的自动线。因此，相对来说，自动生产线具有很高的灵活性。

按工件在工作站之间的移动输送路径，工业自动化设备可以分为直列式输送机器、旋转式输送机器、回旋式输送机器等。

直列输送机器的工件输送常用三种方法：一是将带有工件的随行夹具或

托盘放在输送带、链、滑道、滚道上输送；二是工件直接放在输送带、链、滑道、滚道上输送；三是用或不用随行夹具或托盘，将工件提起输送。

旋转式输送机器有分度的和连续的两种类型。前者加工时工件不动，加工结束后工件随工作台进行分度旋转。后者工作站与工件相对速度为零，实际应用不多。旋转分度机器一般安排六个或六个以上工位，如六工位六头绕线机，共安排六个工位，除一个手工上料（线圈骨架）工位和一个自动下料（线圈）工位，其余四个工位分别安排接线柱绕线、绕线圈等工序。此外，曲柄蓬杆棘轮机构带动的八工位电阻引线焊接机、马氏槽轮六工位微调电容引线浸焊机、八工位蜗形凸轮电子束管管脚封装机、八工位气缸一齿轮显像管有机膜涂覆机（带控制离合器）等都属旋转分度机器。

第三节　自动控制系统的典型控制方法

一、自动控制系统设计与实现

（一）确定控制目标

人们要根据具体工艺流程和生产过程对控制的要求确定控制目标。显然，为实现不同的控制目标就应有不同的控制方案。

（二）选择测量参数（被调量）

无论采用什么控制方案，都需要通过测量某些参数来控制和监视整个生产过程。在确定了需要检测的参数后，就应选择合适的测量元件和变送器。应该注意，有些参数可能因某些原因不能直接测量，因此人们应通过测量与之有一定线性关系的另一参数（又称为间接参数）来获取，或者利用参数估计的方法来得到。有些控制目标只能通过计算得到，如加热炉中的热效率就是排烟温度、烟气中含氧量和一氧化碳含量的函数，人们必须分别测量这些参数，并进行综合计算才能得到。

（三）操作变量的选择

一般情况下，操作变量都是工艺规定的，在控制系统设计中没有多大选择余地。但是在有多个操作量和被调量的情况下，用哪个操作量去控制哪个被调量，还是需要人们认真加以选择的。

（四）控制方案的确定

人们要根据控制目标确定控制方案。控制方案应当与工艺人员共同研究确定。要把自控设计提高到一个较高的水平，自控设计人员必须熟悉工艺，这包括了解生产过程的机理及工艺操作的条件等，然后应用控制理论与控制工程的知识和实际经验，结合工艺情况确定所需的控制点，并决定整个工艺流程的控制方案。

（五）选择控制算法

控制方案决定了控制算法。在很多情况下，人们只需采用商品化的常规调节器进行 PID 控制即可达到目的。对于需要应用先进控制算法的情况，如内模控制、推理控制、预测控制、解耦控制及最优控制等，它们都涉及较多的复杂计算，只能借助计算机才能实现。控制方案和控制策略构成了设计中最核心的内容。

（六）设计报警和连锁保护系统

对于设计报警和连锁保护系统的关键参数，人们应根据工艺要求对其进行规定。当参数超过报警值时，应立即进行越限报警。报警系统的作用在于及时提醒操作人员生产过程中的异常情况，以便人们采取措施减少事故发生。连锁保护系统是指当生产出现严重事故时，为保证设备、人身的安全，使各个设备按一定次序紧急停止运转的系统。这些针对生产过程而设计的报警和连锁保护系统是保证生产安全性的重要措施。

（七）控制系统的调试和投运

控制系统安装完毕后，应随着生产过程进行试运行，按控制要求检查和调整各控制仪表与设备的工作状况，包括调节器参数整定等，然后依次将全部控制系统投入运行。

二、实现自动化的技术途径

（一）加工专业化

加工专业化是使用专用机床或专用的流水作业线来提高生产率的途径。专用机床在进行某种特定工序时可以发挥最大效率。

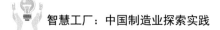

（二）组合加工

零件加工需要一系列工序才能完成，如果把工序按工位适当集中就可以减少机床的数目和工序的总数，使得一些加工工序在一台机床上依次完成，这就是数控组合机床的工作原理。

（三）同时加工

这是组合加工的必然结果，即不仅在同一工位上进行多种加工，而且要在同一时间内进行这些加工。

（四）加工集成化

由于具有多个工位，加工集成系统可以在同一时间内对一个以上的零部件进行加工，从而提高了总的生产效率。各种类型自动流水线就利用了这种原理，从而减少了在制品和总通过时间。

（五）减少调整时间

组合加工减少了调整次数，从而达到减少调整时间的目的。另外，成组技术也可达到这个目的。

（六）改进物料搬运

利用机械化、自动化的物料搬运方法可以减少非生产性时间，从而减少产品的制作时间，缩短整个加工过程。

（七）加工控制和最佳化

实行加工控制和最佳化的主要途径是实行由计算机执行的反馈控制、最佳控制、顺序控制和自适应控制。

（八）计算机辅助制造数据库

生产数据库包括以下几部分。

①零件图、材料规格和材料表（用于产品设计）。

②规定零部件加工计划的流程图表，流程图表所需要的工具清单，工具库存量记录表（用于制造工艺）。

③加工方法说明，时间标准、设备合格文件（用于管理）。

④生产计划、生产进度表（用于生产计划和控制）。

⑤用于库存控制的库存记录。

（九）计算机辅助制造控制

其主要用于对加工的控制和对工厂级的控制。

第四节　自动化技术的应用

一、机械制造自动化

（一）金属切削过程的自动控制

金属切削机床包括常用的车床、铣床、刨床、磨床和钻床等，它们过去都是人工手动操作的，但是手工操作无法达到很高的精度。随着自动化技术和计算机的应用，为了提高加工精度和成品率，人们研制出了数控机床，这是自动化技术在机械制造领域的最典型应用。由于机床在电熔放电加工时电流非常大，有数百至数千安培，它们所产生的电磁波辐射会严重干扰控制系统。因此，机床中采用了抗干扰系列的可编程控制器 PLC 作为机床的控制核心，以保证电熔磨削数控机床能够正常工作，达到有关国家标准。

（二）焊接和冲压过程的自动控制

焊接自动化主要是由机器人配合焊缝跟踪系统来实现的，这样可以大幅度提高焊接生产率，减少废料和返修工作量。为了最大限度地发挥自动焊机的功能，其中通常配备了自动焊缝跟踪系统。旧的焊缝跟踪系统是通过电弧传感的机械探针方式工作的，这种类型的跟踪系统需要手工输入信息，操作者不能离开。激光传感器能在强电磁干扰等恶劣的工厂环境中使用，由激光焊缝跟踪系统和视觉产品配合的焊接自动化系统已经在航天、航空、汽车、造船、电站、压力容器、管道、螺旋焊管、铁路车辆、矿山机械及兵器工业等行业都得到了广泛应用。

（三）热处理过程的自动控制

近年随着自动控制技术的发展，计算机数字界面的功能、可靠性和性价比不断提高，在工业控制的各个环节的应用都得到了很大的发展。传统的工业热处理炉制造厂家在工业热处理炉的电气控制上，大多还是停留在采用过去比较陈旧的控制方式。但是，由计算机数字控制的热处理炉系统，使工业热处理炉的性能得到了显著提高。计算机数字控制系统一般是 32 位嵌入式系统，由人机界面、现场网络、操作系统和组态软件等部分构成。它适用于工业现场环境，

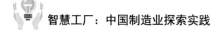

安全可靠，可以应用于生产过程设备的操作和数据显示，与传统的人机界面相比，其突出了自动信息处理的特点，并增加了信息存储和网络通信的功能。

二、过程工业自动化

过程工业是指对连续流动或移动的液体、气体或固体进行加工的工业过程。过程工业自动化主要包括炼油、化工、医药、生物化工、天然气、建材、造纸和食品等工业过程的自动化。过程工业自动化以控制温度、压力、流量、物位（包括液位、料位和界面）、成分和物性等工业参数为主。

三、电力系统自动化

电力系统的自动化主要包括发电系统的自动控制和输电、变电、配电系统的自动控制及自动保护。发电系统是指把其他形式的能源转变成电能的系统，主要包括水电站、火电厂、核电站等。电力系统自动控制的目的就是为了保证系统平时能够工作在正常状态下，在出现故障时能够及时正确地控制系统按正确的次序进入停机或部分停机状态，以防止设备损坏或发生火灾。

第二章 工业自动化设备

第一节 工业生产自动化的基本原理

一、劳动生产率

在讨论劳动生产率和机器生产率问题之前，首先引入如下假定：第一，每一种生产工作的完成，都需要耗费时间和劳动；第二，只有耗费于基本加工工艺过程（如加工、检验、装配等）的时间，才被认为是生产耗费的时间，其他所有的时间，包括工作循环的辅助行程（空程）时间及停顿，都是非生产耗费时间；第三，如果机器无空程和停顿，且具有高度的生产潜力，并能生产出高质量的产品，则机器被认为是理想的；第四，任何产品的生产都必须消耗物化劳动，以建立生产手段和维持它们的工作能力，并且还必须消耗活劳动，用以管理工艺设备；第五，技术发展的规律是物化劳动消耗的比率不断提高，活劳动消耗比率不断减小，用于单位产品总劳动消耗减少；第六，拟定工艺过程时，人们应当把任何生产过程加以分解，按其本质，任何生产过程都是一个独立于人的客观存在；第七，机器的生产率是无限的；第八，不同工艺用途的自动设备和自动线都有着统一的自动化基础，这些统一性表现在它们的专用机构和控制系统具有共同性，其可靠性和经济效果有共同的规律性；第九，人们先对新技术的先进性进行评价时，要把劳动生产率的增长考虑进去。

二、生产率

生产率是工业自动化设备的重要参数。

（一）机器的工作状态

任何自动化设备或自动线在服务期限内，都有如下几种状态：第一，进行指定的加工、检验和装配等工艺过程（工作行程）；第二，进行为保证工艺过程所必需的辅助工序（空程）；第三，机器虽然工作，但生产出不符合技术条件的产品，本质上相当于停顿；第四，机器由于固有原因（如机构、部件发生故障）而形成停顿；第五，由于外部技术组织原因使机器处于停顿。

从生产时间看，上述几种状态，只有直接花费在工艺操作（工作行程）上的时间才是生产时间，其他时间，如空程和三种停顿状态的时间都是时间的耗费与损失。

（二）生产停顿

事实上，机器各个不间断工作的周期和停顿是交替出现的。这里的停顿（亦称损失）包括机器工作状态的后三种状态。根据研究的需要，按停顿的特征，人们又将其分为五类：第一，工具方面的停顿，它是由工具方面的原因，如调整、更换、领取工具、等待调整工等造成的停顿；第二，设备方面的停顿，是指自动机器某个机构和装置损坏、工作故障、失调、阻塞等原因造成的停顿，当然也包括为克服这些停顿而必需的停顿，如更换磨损的零件、领取备用零件、等待调整工和修理工等；第三，因组织方面造成的停顿，如待料；第四，生产出废品所造成的停顿；第五，重新调整以便加工新型零件所造成的停顿。

这五类停顿可概括为技术组织停顿和固有停顿两种。技术组织停顿是由独立于自动机器的外部原因引起的，由自动机器内部原因引起的停顿称为固有停顿。固有停顿的长短与自动机器结构的完善程度、工作的可靠性有关。

（三）结构组织参数对生产率的影响

设计自动机器系统时设计人员首先应根据技术任务书（以机加工为例，任务书通常包括加工何种零件、零件的技术要求、年产量等）确定加工方法和加工路线，拟定符合加工路线和方法、满足生产率要求的系统结构构成方案。满足要求的方案往往不止一个，在不同的方案中，工艺规范、工位数、工段数、并列加工流水线数、料库及其形式、管理工和调整工数目等都会有所不同。由于机器系统每个结构、工艺组织和运行参数的组合确定了一组工作循环时间和循环外损失的值（此时可不考虑技术组织停顿引起的循环外损失），因而也确定了生产率，因此对不同的构成方案自动机器的生产率是不同的。设计计算自动机器系统时，必须选择且最为重要的结构组织参数是工位数、工段数、并列加工流水线数。

工位数对生产率的影响实际上就是工序分解和集中程度对生产率的影响。以通用的机加工行业为例，用一台组合设备依次完成工件所有加工工序，总的加工时间等于组成工艺过程所有工序时间的和。当一个零件全部加工工序不可能仅用一台设备完成时，人们就要把总的工艺动作划分（分解）为几个组成部分，再用不同工艺用途的设备依次完成每个部分。这种把总的工艺动作分解为在不同工位上予以依次完成的几个部分称为工序分解，如高精度螺纹孔的工艺过程常包括钻孔、扩孔、铰孔、钻埋头孔、攻丝等工序，这些工序可以在一系列依次排列的单工位机床上完成，其中每台机床仅完成所有工序中一道或几道确定的工序。有时，依据加工长度，还可以进一步把钻、扩、铰孔工序分解，使一道工位上完成的加工仅是孔深的 1/2、1/3 或更少。与此相似，桶状工件冲压成型也可分解为一次延伸、二次延伸、三次延伸等，最后再进行定径、修边。将总工艺动作分解可以使一个工位上的加工时间缩短，同时加工的零件数量增多，这是提高生产率的重要方法，不论是自动化生产还是非自动化生产，各个工业部门（机器制造、仪器仪表、电子、轻工、食品等）的加工和装配流水线都是根据这个道理构成的。

三、机器的可靠性

可靠性是机器在规定条件下，完成规定功能的能力，寻找以最少的时间和费用，保证所需的工作寿命和无故障工作时间的方法是其研究内容之一。讨论机器可靠性问题时，要注意如下两个特点：第一，要考虑时间因素，即研究机器的初始参数在使用过程中的变化情况；第二，要求预测机器的行为和工作状态，判断机器的输出参数（质量指标）能否保持在极限范围。

可靠性科学的理论基础是数学和材料科学及描述质量指标和某些因素（如环境因素）之间的关系式。这里的材料包括制造机器的材料和机器运行时必不可少的材料。材料的机械破坏形式（强度不足、蠕变）、材料内部和表面层的变化（物理——化学力学、摩擦学）、材料破坏的化学过程（金属腐蚀、聚合材料的老化）等都会影响机器的质量指标。可靠性标志着机器在其整个使用周期内保持所需质量指标的性能。机器个别零部件损伤或者技术性能降到允许水平以下时，机器都不能有效工作，严重的还会带来灾难性后果。因此，随着机器自动化程度和工作参数的提高，外形尺寸和重量减少，工作精度和工作效能提高，机器会越来越复杂，机器的可靠性和寿命要求也将越来越高。

自动机器系统多数是由零部件、装置、控制系统等组成的复杂系统。这个复杂系统的可靠性问题包括产品的工作能力和故障两个方面。

产品的工作能力是指产品处于技术文件规定参数范围内完成规定功能的能力。"产品"可以是单个零件、运动、部件、整台机器或完整的机器系统。"参数"可以是工作精度、强度、运动参数、动力参数等。产品使用过程中，产品的工作能力一般是逐渐下降的，即逐渐耗损的。由于产品的每个输出参数都是时间的随机函数，它们确定了产品的工作状态（工作能力），因此系统的工作能力如同其他状态一样，也随时间不断变化。这样，应用集合理论，人们可将产品工作能力的范围看作由各个参数值所确定的状态集合，如果给定的状态属于该状态集合，则表示产品工作能力正常，否则表示不具有工作能力。

故障是指破坏产品工作能力的事件，如轴断裂、滑阀阻塞、摩擦离合器接通时间过长、床身变形量超过规定值等。不同的故障有不同的后果，人们常用故障发生方框图来分析故障的形成原因和性质，故障的预测、预防和排除也常用这一工具。

为了提高系统的可靠性，构成系统时常采用各种备份方法，如固定备份、后备备份、总体备份、分散备份和混合备份。

第二节　工业自动化设备的驱动与传动

一、机器的负荷

（一）摩擦负荷

摩擦负荷是各类机器中广泛存在的一种负荷。滑块与导轨间、轴承的滚动体与座圈间、啮合齿轮的齿与齿间、定位销与定位孔间等都存在摩擦。摩擦载荷的大小与摩擦的性质有关。通常，摩擦可分为库仑型摩擦与黏滞型摩擦。库仑摩擦的特性是，摩擦力与物体相对滑动速度无关，与物体接触间的正压力有关，与接触面积无关。黏滞型摩擦与物体间相对滑动速度、接触面积和两物体间液体的黏滞性有关。

（二）机器的惯性负荷

机器的惯性负荷可用下面的公式来表示。

直线运动：$F=ma$

转动：$T=Ja'$

式中，m 为直线运动物体的质量；a 为其加速度；J 为转动物体的转动惯量；a' 为其角加速度。

（三）金属的成型力、切削力和切断力

金属的成型力是指对金属材料实施弯曲、压延、拉拔等成型加工时所需的力。金属切削力是指对金属材料实施钻孔、铣削、磨削、车削等加工所需的力。金属的切断力是指对金属薄板材料实施剪断、冲孔、切断等材料分离加工时所需的力。

（四）件料管道气力输送

件料管道气力输送已有很长历史。气力输送装置分类方法很多，根据被输送物料的种类，管道气力输送装置可分为用集装筒输送和不用集装筒输送。前者将物料装在专门的适送盒——集装筒（胶囊）内进行输送，后者是对带或不带其他包装的物料进行输送。各生产部门的成品和半成品小件物料输送多采用后者。根据输送管道内压力差的特点，气力输送方式可分为吸送（负压）式、压送（正压）式、混合（正压—负压）式。吸送式利用负压源造成管道中的负压，使件料受吸运动；压送式利用压缩空气的作用使件料受压运动；混合式则是使部分管道处于压送，部分管道处于吸送，或是件料在压送下向一个方向移动、在吸送下完成返回运动。除管道输送外，轻薄片料放于料槽中受脉动气流倾斜托送的输送方式已成功用于电子工业。

件料的管道气力输送在国外广泛应用于工业生产、商业、公共事业、卫生文化各部门。由于电子工业部门许多成件产品尺寸小、重量轻，输送过程中要保证洁净，避免振动冲击，因此手工运送物料或其他运送方式满足不了需要时，管道气力输送就成为首选的运送方式。

在气体动力作用下，件料在管道中产生运动。空气通过管壁与物料间的空隙产生绕流件料的空气相对运动。当件料与气流在管道中一起运动时，空气相对速度（绕流速度）的存在是它们之间相互动力作用的最重要因素。

二、驱动装置的类型

工业自动化设备的驱动可以通过气压动力装置、液压动力装置、交流电动机、直流电动机、力矩电动机或步进电机来实现。驱动装置类型选择取决于设

备所需的功率，车间可供的电源、气源、液压源及所需的动态特性。在实际应用中，步进电机受到功率与有效转矩的限制，只适用于小型设备，直流电机具有良好的调速特性、大转矩和高效率，应用较广泛。液压系统可以满足大功率需求，但其成本并不与所需功率的大小成正比，因此将它们用于中小型设备有些浪费。气压动力装置工作介质易得、操作洁净、动作快速、结构简单，又无着火危险，因此广泛用于各种自动化设备及其顺序动作控制。

（一）直流电动机

直流电动机可以通过加于电机的电压来精确地控制大范围变化的工作速度。普通直流伺服电动机的结构和工作原理与一般直流电动机相似。

（二）步进电机

步进电机是一种增量式的数字驱动电机。它把输入脉冲序列转化为成比例的角度运动，而且每一个输入脉冲对应一个角度增量（或称一步）。该电机电机轴的位置由脉冲数来决定，它的转速则与脉冲频率成正比。在开环 NC 系统中，步进电机可以作为驱动装置，因为不需要反馈元件，故系统比起对应的闭环系统要便宜，当然系统的精度依赖于电机能否按输入的脉冲数准确步进。此外，电机因转矩受限制而有噪声。步进电机的驱动装置需要带一个称为电子开关（或称译码器）的控制单元和一个功率放大器。控制单元把输入脉冲转换成为步进电机所需要的正确开关序列，从控制单元输出的脉冲又变换为功率脉冲，后者带有适当的前沿时间、持续时间和驱动电机绕组的幅值。为了确定正反转，其往往需要提供附加输入，附加输入端逻辑电平为 0 时对应顺时针旋转，逻辑电平为 1 时对应逆时针旋转。为了设计一个具有最大允许速度的驱动系统，步进电机必须为恒转矩负载。步进电机一般不用于轮廓切削机床类设备，因为轮廓切削时负载随加工状况而变化。步进电机多用于驱动小型点位控制机床，这时候的负载转矩小而又恒定。

（三）交流电动机

使用交流同步电机作驱动设备，避免了直流电机使用中经常出现的电刷故障问题。交流同步电机的速度是通过电压频率变换来控制的，但频率变换需要使用一个直流电源和一个把合成直流电压变换成交流电压的变流器，变流后交流电压的频率可以连续控制，但变流器一般较贵。

（四）力矩电动机

交、直流电动机，交、直流伺服电动机均属高速电机，它们输出高转速、低转矩，因此需要在电机与负载之间耦合传动装置，以满足负载高转矩、低转速要求。力矩电动机是可以在堵转或接近堵转状态下连续运转，以输出转矩为主，可直接带动负载的低速伺服电动机。它也有交、直流两类，其工作原理和结构分别与交、直流伺服电动机相似，只不过定子的极对数特别多。直流力矩电动机的特点如下。

第一，能与负载直接耦合；

第二，转矩与惯量的比值大，响应性能好；

第三，电机本身固有频率高，有利于提高系统的增益与带宽；

第四，调速范围广；

第五，低速运行平稳；

第六，转矩—转速特性线性度好；

第七，结构简单、紧凑、维护方便。

但这种电机的效率比高速伺服电动机低。

（五）液压系统

液压系统能以较小尺寸提供较大的功率，可以比峰值功率相同的直流电动机提供大很多的最大角加速度，同时还具有较小的时间常数。液压系统的缺点是保养麻烦、易出现渗漏。另外，油温变化引起的黏度变化会使系统形成动态滞后。

（六）电磁铁

电磁铁是一种依靠电磁系统中的电磁吸力把电能转换成机械能进行做功的装置，常用于开启关闭阀门，或起重、吊运铁磁性材料工件，或开启闭合电路，或牵引机械装置。电磁阀、电磁吸盘、电磁继电器、电磁接触器、制动电磁铁、自动开关电磁脱扣、操作电磁铁等都是利用电磁原理进行工作的自动化元件。

三、驱动系统的动力分析

工业自动化设备一般是由负载、驱动系统和机架（基础）组成的复杂弹性系统。从结构谐振角度来看，这个弹性系统具有一定的固有频率，当外界干扰力的频率接近或等于系统固有频率时，系统将发生谐振，使系统不能正常工作，甚至造成系统损伤和毁坏。因此，应尽量使系统的固有频率避开各种干扰频率。对于伺服系统，若使固有频率降低、提高精度的要求，就必须提高伺服系统带宽，这就使结构固有频率逐步与伺服系统带宽靠近，甚至落入带宽之内。此时，各种伺服噪声就会激发系统谐振，而且反馈后又会使谐振持续下去，造成伺服系统不稳定，无法工作，甚至破坏结构。为了保证伺服系统的稳定性，并有足够的稳定裕度，通常人们要求结构固有频率是伺服系统带宽的 3 ～ 5 倍。

四、传动系统的选择与设计

传动系统的作用是将原动机（一般是电动机）的能量和运动传递给执行机构的中间装置。工业自动化设备一般带有一个或一个以上执行机构。通过工艺方案设计和工艺原理绘制，各执行机构应完成什么样的运动（规律）和机构间运动关系都已经确定，原动机的运动参数与执行机构运动参数由传动系统进行确定。

形式选择的基本依据是自动化设备的工作要求，如运动轨迹、工作精度、速度特性、载荷特性、行程长短、工作环境等，传动形式的选择亦如此。从速度特性看，工业自动化设备的速度特性大致分为两类：一类是在一个运动循环内，执行机构进行等速直线运动或接近等速直线运动，气压、液压、机械、电气传动均能满足要求；另一类是运动速度按一定规律变化，此时只选择气、液、电气传动中的一种可能难以满足要求，一般只有与机械传动相结合才可实现。从执行机构的运动轨迹来看，其有直线、回转、摆动、间歇运动、复合运动等形式，各种传动形式对这些运动的适应性也不同。若选用电机，由于频繁起动、停止、正反转等因素存在，就会引起各种故障或损坏。对于连续回转运动，电机驱动容易控制，且传动平稳、寿命长、价格低。从运动行程大小来看，一般液压传动机构中活塞的行程较小，在 30 ～ 50cm 范围内使用较为经济，且运动平稳，大于这一行程时，油液的压缩及缸壁的弹性变形对运动平稳性的影响变得显著，这时最好采用液压马达或电机驱动丝杠的方案。当行程为 4 ～ 6m 时，丝杠的扭转及弯曲变形大，采用齿轮齿条传动较为合理，它的传动平稳性不受行程限制。

传动形式的分类方法很多，实际使用时人们常将传动分为机械传动（如齿轮传动、齿轮齿条传动、蜗轮蜗杆传动等）、液压传动、气压传动、电气传动等。按速比来分，传动形式又分为定比传动和变速比传动，变速比传动又可分为无级和有级两种。

选择传动形式的基本原则是，小功率传动应在满足工作性能要求下选用结构简单的传动装置，以尽可能降低初始费用；大功率传动应优先考虑传动效率，以节约能源和降低运转维修费用；有变速要求时，若电机的调速比能满足，可以采用电机调速方案（此时电机可直接与调速机构相连接），当要求变速范围大、电机调速范围满足不了时，应采用变速比传动；载荷变化频繁，且可能出现过载时，人们应考虑过载保护或其他安全装置；传动装置的选用必须与制造技术水平相适应，并尽可能优先选用专业厂生产的标准传动装置。

定比传动主要采用机械传动装置，其中齿轮传动效率较高，但其效率还与制造安装、润滑情况有关；行星齿轮传动的效率和结构形式有关，现代高强度平型带的传动效率已能达到，甚至超过齿轮传动的效率。三角胶带虽然效率较低，但因其简单、方便，在中小功率传动中仍应用很广。

在实际使用中，当单级传动不能满足要求时，可采用多级传动，但这会使效率随之下降。人们应当注意单级蜗轮蜗杆传动的效率常常低于传动比相同的多级齿轮传动。在大传动比情况下，采用行星齿轮传动可使得传动装置体积小、重量轻，齿轮传动的效率较高并能传递大功率，但是行星齿轮传动零件数量多、制造精度高、装配也复杂。人们选择传动形式时还应考虑结构布置要求。当主、从动轴平行时，可选用带、链、圆柱齿轮传动；主、从动轴间距大，或主动轴需同时驱动多根距离较大的平行从动轴时，可选用带或链传动；要求同步时，可用链或齿形带传动；要求主、从动轴在同一轴线上时，可采用两级、多级齿轮传动或行星齿轮传动；当主、从动轴相交时，人们可用圆锥齿轮、圆锥摩擦轮传动；两轴交错时可用蜗杆或螺旋齿轮传动。

有级变速的变比传动常用直齿圆柱齿轮变速装置来实现，通过杠杆、拨叉移动交换齿轮或离合器进行换挡。这种方法变速范围大、结构尺寸小、工作寿命长、操作方便，但不能在快速运转中变速，也难以实现自动控制。除此之外，小功率有级变速多用带链塔轮装置。

另外，笼型变极电动机可获得几种刚度较大的输出转速，有级变速马达也可增大调速范围。机械、液压、电气传动都能实现无级变速，机械无级变速装置结构简单，恒功率特性好，但寿命短、耐冲击性能较差，常用于响应速度要求不太高的小功率传动。有时人们将机械无级变速器和笼型电动机组成一体，称为变速电机。电力无级调速传动的功率范围较大，易于实现自控和遥控，且能远距离传递动力。电缆和导线的敷设比流体管道安装方便，且响应速度几乎不受线路长短影响。当有直流电源可供利用时，电力无级变速十分方便，但恒功率特性较差。液压无级调速装置尺寸小、重量轻，当功率和转速相同时，液压马达和液压元件的重量仅为电动机的1/10；输出转矩相同时，液压马达的转动惯量比电动机小得多。

第三节　物料传送

一、件料自动上料装置

在现代工业自动化生产领域里，物流（物料的流动）即为上下料、装卸、输送、堆垛等工作，它们把生产过程的各个工序有机地连接起来，贯穿了生产全过程。这里物料包括原材料、工件、刀具、工夹具、废料等。根据国外统计，机械加工行业中等批量的生产车间中，零件在机床上的时间仅占生产时间的 5%，而 95% 的时间消耗在原材料、刀具、工件等的搬运，抓取，中间存贮，等待上，并且在这 5% 的时间内，真正用于加工的仅占其 30%，而上下料时间等占 70%。从费用上看，用于物料流动的费用占总费用的 30% ～ 40%，物料的流动是一项单调、繁重的工作，各种各样的事故也多在这个环节发生，对于高温、有毒、易爆、易燃、有粉尘等生产环节，物流问题尤为重要，正因如此，物流自动化问题受到人们的格外重视。

要实现物流自动化，往往要使用各种物流装置。物流装置种类很多，从简单的自动上下料装置，到复杂的气力输送、悬挂输送、自动仓库、工业机械手与机器人等都是物流装置。实际使用中，人们常依据不同的标准，如依据物料的种类、输送过程的连续与间断等进行分类。自动上下料装置通常依据坯料的不同分为卷料、棒料、板料、件料、液料、丝料和粉粒料。

件料上下料装置按照外形特征和自动化程度可分为料斗式自动上下料装置和料仓式半自动上下料装置。前者的特点是工件成批倒入料斗，从定向排列到运送至工作地点全部由装置本身自动完成，它适用于形状简单、重量不大、批量很大、生产率高、工序时间短的工件自动上料，如各类紧固件；后者是靠人工定向排列，再由机构自动运送至工作地点，适用于批量很大，但因重量、尺寸或几何形状的特点难以自动定向排列的工件。下面介绍自动上料装置一些组成部分的工作原理与结构形式。

（一）定向机构

人们应根据工件定向要求、零件的形状特征和复杂程度确定零件的定向次数。具有三个对称面（或线）的工件，如一些棱体、片状工件、盘环类回转体，仅需一次定向；具有两个对称面（或线）的工件，如四锥销，需二次定向；具有一个对称面（或线）的工件，需要三次定向。从旋转轴的观点看，具有个旋转轴对称和一个对称平面的工件，需一次定向；具有一个旋转轴对称的工件，需一次定向；具有三个旋转轴对称的工件（球），不需定向。

一般的定向机构可以实现一次、二次、三次定向，定向次数较高的，靠定向机构自动实现定向较困难，往往采用手工定向。实现自动定向的方法主要有抓取法和形孔选取法。抓取法是利用运动着的定向机构抓取工件的一些特殊表面（凸肩、内孔、凹槽等）使之分离出来并定向排列的方法，多用于螺钉类工件定向的扇形板式定向机构，用于套管、杯类工件定向的钩式定向技术就是采用抓取法定向。形孔选取法往往利用定向机构上一定形状、尺寸的孔穴对工件进行筛选分离，只有位置和形状相应于这一孔型的，才能获得定向排列，如圆盘式定向机构就采用了形孔选取法。在工件运行过程中，可利用工件尺寸、外形差别或重心位置不同来剔除定向不正确的工件，振动上料装置和一些二次定向机构广泛利用了这一原理。

（二）料斗和料仓

料斗的形状像斗，多由上下两部分组成，上部为圆筒形，下部为凹锥形。工件置于斗中，使之适当地堆聚在运动着的定向机构附近，以便定向机构有较多的机会抓取到工件。但要注意，不宜使工件在定向机构附近堆积过多，否则不仅多耗动力还会增加磨损。有时为了增加料斗容量而又不致使工件在料斗底部堆积过多，可在料斗内增加一、二道隔板或设置附加料斗。料仓的形式多样，有管式、杆式、槽式、斗式、重锤式、弹簧式、摩擦式、轮式、链式，它们分别适用于球、柱、轴、套、管、盖、环、片、板、箱形工件。料仓内工件可靠重力传送，如管式、杆式等料仓，也可靠外加动力传送，如重锤式、弹簧式、轮式、链式等。料斗的容量应根据实际需要来确定，一般小型工件应做到一次上料后能持续供料 2h 以上，中型工件则应大于 60min。

（三）剔除器

常用剔除器有四种形式：棘轮式、杠杆式、扇形遮板式、扇形滑动式。棘轮式剔除器通用性较好，工作时棘轮逆着工件传送方向定轴转动，定向正确的工件可在剔除器下通过，不正确的工件则被剔除，为了避免划伤工件，可用橡胶、塑料等非金属材料制造剔除器。在滚筒式、沟式、滑槽式定向机构中，工件要飞越一段距离后进入取料管口，料满后工件自动落入料斗中，这同样起到了剔除器的作用。在自动化程度高的自动上料装置中常用光、电、磁元件来检测工件位置，这些元件通过发出定向不正确的信号使剔除器工作。

（四）安全装置

为了防止其他形状、尺寸的工件和外界杂质混入料斗或防止工件在料斗中卡住，一般每个抓取定向机构的传动部分都应带有安全保险装置。最简单的安全保险装置是过载打滑的皮带传动，其次是摩擦离合器或弹性离合器。当故障排除以后，上料机构应能立即开始工作，若采用剪断销式安全装置，更换剪断销会耽误较多时间。

（五）上、下料机构和隔料器

上料机构按运动特性可分为四类：往复运动、摆动、旋转运动和复合运动的上料机构。直线运动轨迹的往复运动上料机构结构简单，上料速度低，适用于单工位加工设备。摆动上料机构轨迹为圆弧，结构更简单，也适用于单工位加工设备，但它的上料速度比往复运动稍高。旋转运动上料机构构造较复杂，其运动轨迹为圆，上料平稳，生产率较高，适用于多工位、高效、连续作业场合。复合运动上料机构构造最复杂，上料速度因而也较低，仅用于上料过程中对工件有转位等特殊要求的场合。

下料机构一般都很简单，有时用一只弹簧、推杆或顶杆把工件拨离加工位置即可，当连续作业时应注意把本工序的下料机构和下工序的上料机构综合考虑。隔料器又称隔离器、单件控制器。很多情况下，上料机构中的取料装置兼有隔料作用，但当工件重量较大，需要避免贮料器中所有工件重量全部压在上料机构或者需要改变工件方位时，隔料器往往必不可少。

二、丝料自动上料装置

电子工业中丝料的应用十分广泛，如一些元器件的灯丝、引线、管脚、跨接线及各种线圈等，它们所用的丝料直径多为 0.01 ～ 3mm。丝料的材质有金、银、铜、钨、钼、镍及各种合金等。一般作为原材料的丝料都是规则地绕制在丝盘上，使用时，将丝绕到放丝轮上，放丝轮放出的丝经过矫直机构到达送丝机构，送丝机构一方面把丝夹紧，另一方面实现定长送丝，最后将丝切断，从而完成一个上料循环。因此，丝料自动上料装置一般包括：①放丝机构，实现放丝功能，并使丝料保持一定张力；②矫直机构，对放丝机构放出的丝进行矫直；③送丝机构，对矫直后的丝料进行定长送丝。

此外，丝料自动上料装置还可能包括一些其他机构，如丝料表面处理机构

（清除油污、灰尘等）、剥头机构（如果有绝缘层而且需要剥除的话）、切断机构等。

三、链式输送装置

和带式输送相比，链式输送具有很多特点，它的体积小、重量轻、环境适应性好，有多种形式的标准链条、标准齿形链轮及标准附件可供选用，并能实现形状简单或相当复杂零部件的定向输送，有时还能实现较精确的同步要求，能满足生产线节拍控制，速度应用范围也比较大，可以实现较高或较低的输送速度。因此，在工业自动化设备中，链式输送的应用更加广泛。

和链传动相比，链输送除工作性质不同，在结构方面和设计方法方面也有很大差异。为适应长距离输送、增大有效载荷，链输送常用更轻型的结构输送链。

（一）链条与链轮啮合的运动学特性

链条与链轮属非共轭啮合，在传动过程中，链条中心线（链条拉直时，铰链中心连线）的位置存在周期性变化，而且每个链节与链轮的接触和脱离均是在一瞬间完成的，因此设计人员在设计时应考虑啮合的运动学特性与动力学性特性。

（二）链条与链轮啮合的动力学特性

多边形效应除引起链条和从动轮速度不均匀外，在动力学方面还会产生诸多影响。例如，链条速度变化引起的链条（有载分支还包括物料）惯性载荷；从动轮角速度变化引起的惯性载荷；链节啮入时产生的冲击载荷；链条工作轨迹变化及链条振动导致的附加动载荷。

（三）链式输送装置的设计

1.链输送形式

按链条是否直接承受载荷，链式输送可分为承载式和曳引式。承载式中被输送物料的重量完全由链条及其附件直接承受。曳引式中被输送物料的荷重由承载装置承受，链条及其附件只以拉、推、刮等方式克服输送阻力。影响链输送类型的主要因素包括各形式的特点，物料种类、重量及理化性质，输送速度，输送距离，装料方式，输送位置（或速度）精度等。

2. 输送能力

件料：

$$Q=60qV$$

式中，Q 为生产率；q 为单位长度内物品件数；V 为输送速度。

散装物料：

$$Q=60qV/1000$$

式中，Q 为生产率；q 为单位长度上的物料重量；V 为输送速度。

3. 输送速度

自动单机和自动生产线中物料的输送速度是由生产纲领决定的。加工、检测、装配等工艺环节物料的输送速度为 1.5 ～ 4.6m/min。

4. 张力计算

简单轮廓输送装置链条张力用解析法计算，复杂轮廓则多用逐点法计算。张力计算过程中，人们要注意实际装置附加阻力的计算及附加动载荷的计算，要选择驱动装置的有利位置，另外还要进行链条强度校核、链轮齿数选择、驱动功率计算和电机选择。

5. 链条的安装、支承、张紧和导向

链条安装前，先要把链展直，再按所需长度一段一段连接起来装到机器上去，这样可以避免链条扭曲且易于搭配连接。安装带附件的链条时，若各挂链条长度不等或链轮对位不好，就容易使并列工作的各挂链条之间受载不均，从而使其中一挂过度磨损。平行工作并列链条主动轴上的链轮应同相位安装，从动轴上各链轮只有一个用键与轴联结在一起，其余均活套在轴上，以适应因各排链条磨损不均和原始长度不等而产生的从动链轮相对转动的不同步性。

输送距离超过 4.5m 时，松边链条应用导轨或惰轮等支承，以免链条振动与拍打。

（四）悬挂输送

悬挂输送可以把物料流动和工艺流程有机结合，因而在机械制造、电气、仪表、汽车、轻工等行业获得广泛应用，我国还出现了专门制造各种悬挂输送机的工厂。

按照牵引构件与载货小车连接方式的不同，悬挂输送有三种形式：提式、推式、拖式。按照架空轨道数量的不同，悬挂输送又可分为单线架空轨道和双线架空轨道。单线架空轨道输送装置的滑架架空轨道和承载小车架空轨道共用同一条轨道。双线架空轨道输送装置的滑架架空轨道和承载小车架空轨道是两条独立轨道，滑架架空轨道在上，承载架空轨道在下。一般情况下，推式悬挂输送多用双线架空轨道。

推式与提式相比，前者结构和控制系统复杂，尺寸较大，造价也高，但推式悬挂输送装置可通过设置升降机构和平移机构来完成不同输送线路间小车的升降、摘挂和转线，从而把节奏不同、高度或平面位置不同的输送单元组成一个能够自动寄送、贮存和完成各种工艺过程的综合自动化系统。大型汽车厂总装线常采用推式悬挂输送系统。系统中，小车与牵引构件在各自轨道上运行，根据工艺流程，小车可用停止器停止在轨道的某一点上，也可以利用岔道使小车从一个输送机系统转入另一个输送机系统，尽管总装厂的装配线可能有几十条，甚至上百条，它们分别完成不同的装配工艺，并且具有完全不同的节拍，但在主线上却按固定节拍生产产品。

悬挂输送的牵引机件常使用各种易拆链，提式悬挂输送常用双铰链、环链、钢丝绳作为牵引构件。由于悬挂输送系统往往线路较长、载荷较大，为保证系统的连续性，避免使用转载设备并降低控制系统的复杂性，线路较长的输送工艺系统多采用多电机驱动。

输送装置在水平面内的转向常采用转向链轮、滑轮或滚柱组。它们的选用原则取决于牵引构件形式、张力和转向半径。牵引构件用可拆链时，常用链轮做转向装置，由于链条横方向刚度很小，所以只有当张力不超过链条最大许用张力的 60% 时，这种链条才可采用光滑滑轮和滚柱组作为转向装置。链轮和滑轮直径的取值范围为 600～1300mm。滚柱组是由一系列沿圆弧曲线布置并可绕垂直轴（垂直于弯曲圆弧所在平面）旋转的滚柱所组成的。滚柱直径为 80～100mm，滚柱节距比滚柱直径大 20mm 即可。

提式悬挂输送装置必须设置断链防护装置，以防止牵引构件松脱或断裂时发生事故。断链防护装置有上坡捕捉器和下坡捕捉器。上坡捕捉器采用单向逆止杠杆，下坡捕捉器结构要复杂一些。在系统正常运行时，卡板将挡杆卡住，链条滑架以设计速度通过撞块时，撞块螺钉摆幅小，碰不上卡板。当断链时，滑架以高速冲击撞块，因而挡杆落下来将后面来的滑架挡住。在螺钉打击卡板同时，行程开关切断主电路，全线停车。此外，驱动装置需设置安全销联轴器以防过载。

推式悬挂输送与提式悬挂输送的主要区别是承载件（承载小车）与牵引构件不是固定连接，而是靠牵引构件上固接的推头推动承载小车运行，承载小车和牵引链条有各自的运行轨道。根据需要，承载小车与牵引链条可脱开和结合，并可从一条输送线转到另一条输送线上，从而完成物料输送。

推式悬挂输送装置主要由牵引构件、滑架、轨道、承载小车、道岔，升降段、停止器、驱动装置、安全装置、张紧装置等组成。推式悬挂输送的输送线路有主线和副线。小车在副线上的运行可以用斜坡、气缸带动的拨杆和副链牵引来实现。推式悬挂输送的牵引构件多用各种易拆链。滑架固接在链条（内链节）上，滑架分支承滑架和推进滑架两种，前者只支承链条，后者装有推头，它既支承链条又推动小车前进。轨道由各种型钢制成，下面的承载轨道和上面的牵引轨道用框板连接。

推式悬挂输送的承载小车多采用四个滚轮和两个挡块，可分为普通小车和积放式（自停式）小车两种。

普通小车吊具铰接点到滚轮中心的垂直距离在保证携址器空间位置情况下要尽量小。导向轮起导向作用。前后滚轮轴距与轨道水平转弯最小曲率半径有关。

积放式小车也由推头推动运行，它可分为单小车和复式小车。单小车运送外形小、重量轻的物料。一般情况下物料运送都用复式小车。复式小车由主小车和一个或一个以上的副小车组成。主小车执行停止、启动、积放和牵引副小车任务。当需要停止时，传动拨爪（即挡块）被停止器或前小车的尾板压下，主小车就与推头脱离啮合而停下。正常运行时，副小车的拨爪不与推头啮合，当小车经过道岔时，副小车的拨爪被道岔附近的桥抬起，后面的推头推动副小车，使复式小车进入道岔，完成进岔程序。道岔是使小车从一条输送线传送到另一条输送线的传递装置，它是推式悬挂输送装置的关键部件，直接影响输送装置能否正常工作。设计人员在设计过程中主要考虑道岔的动力来源及小车、传动部件（推头或拨杆）和牵引链条间在传递过程中的干涉问题。

（五）悬挂输送的控制系统与物料自动寄送

推式悬挂输送的控制系统有两类：分散控制和集中控制。分散控制系统包括主链控制、副链控制、带活动段（升降、平移）副链控制。

主链控制系统要求实现主链启动、副链启动、沿程紧急停止、机械过载保护、断链保护、张紧限程保护、主链电机单相运转保护、过热保护、副链存车已满保护、主链停止等功能。当由副链控制站控制时，应设置允许本副链起动的按钮，用来通知中央控制台，副链传动也要设置各种安全装置，张紧站设限程保护及副链拖动电机的单相运转和过热保护。当副链带有活动段时，活动段的进车、出车、移动都应在一定条件下进行，以避免事故发生。

物料自动寄送装置是悬挂输送和各种输送机、堆垛机、自动输送—工艺系统的控制系统的重要组成部分。一个复杂的自动物料输送系统，包括大量的物料发送站与接收站。在这些站上，物料的自动发送和自动接收借助自动寄送装置来实现。为完成物料自动寄送，人们通常使被寄送的物料在发送站按某种方式进行编码，编码操作由写址器完成。写址器对输送装置（或物料）上的地址器进行写址，地址器具有记忆写址器编码信息的功能。物料在输送线路上移动时，各接收站对所到达的带有地址码的物料逐一进行读取，当读出地址符合该站地址时，便发出相应指令接收该物料，否则便放行。这个读出地址信息的装置就叫读址器。由此可见，写址器、地址器和读址器组成了自动寄送装置。

按照地址编码信息移动方法的不同，自动寄送装置可分为两类。

第一类，地址编码信息随物料一起移动，称为带地址寄送装置（亦称分散控制寄送装置）。地址器一般装在货箱、吊具托盘等机构上。根据读址方法其又可分为机械式、机电式、光电式和磁性自动寄送装置。

第二类，利用特殊的模拟装置使地址信息同步地跟随货物一起移动，而装置的地址信息并不与载货机构一起移动，故称为不带地址器的寄送装置。其模拟装置有两种，一种是物理式模拟装置，它用链条上的柱销、穿孔纸带上的孔、磁化钢带等表示地址信息，通过这些码带（链条、纸带、钢带）与主输送机机械同步移动来模拟物料移动，它只适用于较简单的物料输送系统；另一种是数字式模拟寄送装置，它将货物位置变为数字量，利用数字电路来实现地址信息的同步移动，这种模拟寄送装置可采用移位寄存器、一位机、微型机等，物料的地址信息既对应于牵引构件上的推进滑架，又对应于移位寄存器中的移位，当推头通过安装在轨道旁的传感器时，传感器就发出一个脉冲，即移位脉冲，脉冲数的累积值表示牵引构件（带着物料）通过的距离，脉冲的频率则表示牵引构件的移动速度，两者之间的关系如下。

$$pf = V/60$$

式中，P 为推进滑架节距；f 为脉冲频率；V 为牵引构件速度。

四、自动化仓库简介

自动化仓库是一个设备与控制系统的组合体，它能自动、严密、准确、迅速地对物料进行搬运、存储和捡取。自动化仓库是自动生产系统必不可少的组成部分。由于自动化仓库具有可以充分利用空间、减少占地面积、增加贮存容量、提高出入库效率、改进仓库管理与经营等优点，自19世纪60年代问世以来，得到了很大的发展，其性能和自动化水平也有了很大提高。

自动化仓库一般由仓库建筑、多层货架、堆垛机、出入库堆栈、传动齿条、导轨、货箱、运输机、管理控制系统、操作台等组成，根据使用仓库的目的、条件、物料性质、前后流程要求、物料传送方法、控制装置的不同，自动仓库有简易型、缓冲存储型、补给型、成套自动化型和订货处理型等形式。

第一，简易型自动仓库高度较小、货格数少，常由人工检货，辅以升降机、运输机等设备搬运物料，多采用局部自动。这种仓库造价较低，能够节省人力、提高工效、减少占地面积，适于中小企业作小型仓库。

第二，缓冲存储型仓库设立在两工序之间，可作为缓冲储存、补偿生产节拍差、应付偶然事故等用途的中间仓库，其容量与生产规格、故障概率、平均修复时间等有关。在柔性加工和装配等系统中常用这种自动仓库。

第三，补给型自动仓库可按照规定的生产节拍对加工或装配自动线提供材料或半成品。这类仓库应具有自动检货和输送功能，能按工序节拍的要求及时控制出入库生产。

第四，成套自动化型自动仓库是按照 CAM 或 FMS 要求，将材料—加工—装配—仓库连成一体的综合自动化系统，货架、堆垛机、运输小车等是仓库部分的主要设备。

第五，订货处理型自动仓库比成套自动化型自动仓库水平更高，这类仓库用计算机把仓库功能和订货合同管理、发货处理等工作联合成一体，根据生产需要和实际情况进行库存管理，多用多级计算机进行控制管理。

五、自动小车

各种自动运输小车（简称自动小车、台车）也是物料传送的重要手段之一，它可与小车控制装置、电池充电站等组成无人自动输送系统。自动小车发展初期常用有轨小车，主要用于大型机械加工车间、铸造车间等场所对大宗及大型重型材料与工件的搬运工作，由于要在车间地面上铺设轨道，所以它会影响车间面积的利用和其他车辆行走。另外，这种系统噪声大、造价高，不利于车间保洁。有轨小车的轨道有水平、倾斜、垂直等形式，并可构成多层、地下、壁内等轨道网。平面轨道的交叉处可用道岔、回转台改变小车路径。若是立体多层轨道，则小车在平面上行走时用车轮，在爬坡、垂直行走时用齿轮齿条，分层处用转动轨道实现分层接轨。光电式有轨小车用光电元件检测小车状态（常速、减速、停车、位置、前后有无障碍物和小车），光源和光电元件分别装在小车前后两端，用以防止冲撞，实现减速、停车等功能。该类型小车两侧也分别装有光电受信器、地址发信器，用于控制小车状态、选层、道岔和转轨装置。

无轨自动小车可避免有轨小车的一些缺点。固定路线型电磁感应式自动小车的导向原理是在小车行走路线的地面上埋设专用感应电缆，在小车应该停止的位置埋设地址码图。小车头部左右对称装设感应接收天线，以判别、校正小车运动路线，对需要后退功能的小车尾部亦应装设感应接收天线。其感应信息一般采用低周波激励。

堆垛机及其货台的水平行走和垂直升降运动通常都采用相对认址方式，即当堆垛机、货台行走时，每经过仓库的一行或一列，都将设定的地址数加 1 或减 1，这样其设定值与现在值的差值就逐步缩小，当设定值与现在值接近时，堆垛机和货台应自动减速。例如，差值为 2 时，运行速度由常速度变为中速，差值为 1 时，由中速变为低速，并自动调整为停车前的微速，到达目的货格时，也就是设定值与现在值完全一致时，控制单元发出停车制动命令，使堆垛机和货台准确停止在规定位置。为了保证停车准确性，堆垛机的惯性和由微速到停车时的时间都应事先计算好并加以实测，对影响停车位置的建筑、运行磨损、累积误差等因素事先都应设定必要的修正值。

堆垛机位置检测元件常采用行程开关、光电开关等，它们大都装在堆垛机货台上。认址片则装在堆垛机立柱上，以便测出堆垛机的位置，实际使用中为提高可靠性，其上常附加奇偶校验。还有一种认址方式称为绝对认址法，即对堆垛机各个可能停留的位置都分别予以编码地址，并装设认址片群，检测元件则装在堆垛机或货台上，检测元件输出信号就表示堆垛机和货台所在位置。这种方法可靠性高，但对检测元件性能和安装精度要求高，从而提高了建造费用。为保证堆垛机、货台等的安全，在堆垛机行走轨道的起点和终点附近应设置发出紧急停车信号的行程开关或光电开关，并设置机械挡块。

目前，堆垛机最大行程可达 2000m，水平行走速度可达 80m/min，升降速度约为水平行走速度的 1/4，堆装货箱的速度在 6 ~ 18m/min 范围内。堆垛机控制信号的传输方法有拖线传输、无线传输、感应传输和光电传输四种。拖线传输需用可伸缩的电缆悬挂装置，电缆的机械强度和寿命限制了堆垛机行走速度、巷道长度的提高。无线传输灵活方便，适用于多巷道大型仓库。这两种传输方法要注意抗干扰问题。感应传输是在堆垛机行走轨道的两侧分别装设环形传输导线，传感器装在堆垛机上，发送和接收分别用一套传输导线和传感器，用无接触式磁性感应原理从传输导线上取得信号，由于它没有随机运动的挠曲导线，采用音频信号传输，因此设备寿命长、可靠性高、抗干扰能力强。

第四节　工业机械手与工作站

一、工业机械手

工业机械手是一种模仿人手部动作，按照预选设定的程序和轨迹或其他要求实现抓取、搬运工件或操纵工具的自动化装置。工业机械手可在工业条件恶劣，如高温、有毒、有辐射等工作环境中使用，也可在重复作业，特别是件料生产中使用，即使作业循环时间很长，且带有一系列的不连续运动，工业机械手也都能胜任。另外，工业机械手也可用来搬动很重的工件。因此，搬运工件、给设备装卸料、喷漆、点焊、缝焊、装配等都是工业机械手的典型应用场合。

（一）工业机械手的组成

工业机械手由执行系统（包括手部、腕部、臂部、机身、行走机构）、驱动系统（驱动元件和传动机构）和控制系统三部分组成。以下介绍执行系统的重要部分。

1. 手部

工业机械手的手部是用来抓持工件（或工具）的。人的手部抓取物体的动作有握持、捏持和夹持三种，而工业机械手抓取物体方法有抓、夹、支持、吊挂、真空吸附和电磁吸附等。为适应抓取工件的形状、尺寸、重量、材料和表面状况等，工业机械手手部按抓持工件的方式可分为吸盘式、手指式和特殊式；按抓持机构的结构，又可分为多关节的手部、挠性手部、有刚性手指的手部等。

吸盘式手部有空气负压吸盘和电磁吸盘两类。空气负压吸盘按形成负压的方法又分为挤气式、真空泵式、气流负压吸嘴式三种。根据工件重量，如果一个吸附头的吸力不够时，可同时使用多个吸附头。电磁式吸盘有电磁铁吸盘和永久磁铁吸盘两类，后者靠外力取下工件。电磁式吸盘优点是单位面积吸力大、可快速吸取工件、寿命长、结构简单；缺点是其高温下不宜使用、工件剩磁有时会影响工件使用性能。

手指式手部有两指式和多指式之分，工业机械手常用无关节的两指式和三指式，它们适用于轴类、盘环类及其他杂类工件的抓取。两指式有平移型和回转型之分。

设计工业机械手手部时，设计人员应注意手指要有足够的夹紧力和一定的开闭范围，工件应能在手指内准确定位。另外，手部结构要紧凑、重量轻，以利腕部和臂部的结构设计。

2. 腕部

腕部是在臂部运动的基础上进一步改变或调整手部在空间的方位，以扩大机械手工作机能的部件，它同时也是手部和臂部的连接构件。

腕部所具有的自由度应根据机械手的工作性能要求来确定。为使手部处于空间任意方向，复杂的机械手的腕部应在 X、Y、Z 三个坐标轴方向分别实现回转、俯仰、摆动运动，有时腕部还设置一直线移动自由度。多数情况下，腕部都具有回转和俯仰，或者回转和摆动这两个自由度，以满足工件转位要求。例如，用腕部实现工件定位后转位 90° 或 180°，避免转动臂部以降低惯性载荷，提高定位精度。腕部的直线移动自由度是为了装卸工件方便。例如，机械手将工件送进夹具时，设置直线移动自由度可使工件定位正确，夹紧可靠。不过，在保证使用要求条件下应尽量减少腕部自由度数，对专用机械手，甚至可不设置腕部。设计腕部时，其运动形式应结合臂部运动形式进行综合考虑。腕部与手部、臂部的连接，管路配置等应进行合理布置，力求结构紧凑、重量轻。腕部三个方向的转动，一般多采用摆动缸或活塞缸直接驱动，只有当自由度数较多时，为使结构紧凑、重量轻，有时才采用机械传动结构。

3. 臂部

工业机械手的臂部是用来支承手部和腕部的，手部的活动范围主要取决于臂部的结构尺寸与运动形式。臂部的伸缩、升降、横移运动都是直线运动，可以用油（气）缸、直线感应电动机、齿轮齿条、丝杠螺母等直线运动机构实现。为了扩大臂部伸缩行程，有时还采用各种行程倍增机构。臂部的回转、俯仰和摆动都是旋转运动，可以用动缸、齿条齿轮和带减速装置的电动机实现。在一些专用机械手的臂部常用行星齿轮机构、凸轮机构和连杆机构实现复合运动。臂部的运动和结构形式对机械手的工作性能影响较大，因此进行臂部设计时设计人员应注意运动速度、定位、结构刚度和导向性等方面的问题。

机械手手臂的行程取决于工作位量要求，完成行程的时间则根据机器的生产率所对应的机械手动作节拍确定。为了减少冲击，设计时可选用等加（减）速、正弦曲线或余弦曲线作为手臂的运动规律，从而确定手臂每个运动的速度或角速度。手臂的定位常采取定位挡块和缓冲器配合使用，以提高定位精度。单用挡块会产生冲击振动，影响定位精度。手臂结构刚度要好、偏重力矩要小、重量要轻。提高手臂刚度，主要是合理选择手臂的截面形状和轮廓尺寸，人们常用钢管做臂部和导向杆，用工字钢或槽钢做支承板，以保证有足够的刚度。偏重力矩是指臂部总重量对其支撑或回转轴所产生的力矩，它对臂部的升降和转动均会产生影响，臂部结构布置时应力求减少偏重力矩，降低转动惯量。

4. 机身

机身是支承臂部的部件。升降、回转和俯仰运动部分都安装在机身上。机身包括立柱和机座。机座结构从形式上可分为悬挂式和落地式。设计人员在设计机身时需注意以下几方面。

①要有足够的刚性和稳定性。

②升降要灵活，升降运动一般应有导向装置。

③升降立柱的导套不宜过短，以避免卡死现象。

④结构要合理，便于装修，占地面积应尽可能小。

（二）工业机械手运动方案设计

在工业机械手的设计过程中，设计者要进行机械手的运动设计，确定其主要工作参数，选择驱动系统和控制系统，并进行结构设计，最后给出方案草图。其中的基础工作是运动设计。运动设计的主要内容包括自由度和坐标系选择、运动方程的建立与作业空间方程的建立等。其要能使机械手实现工艺操作所要求的各种作业运动。

1. 自由度及其选择

机械手各运动部件在三维空间坐标轴上所具有的独立运动数称为机械手的自由度。自由度的表达方式和坐标系形式有关。人们计算机械手自由度时，一般不计入手指自由度。根据机械手的类型不同，自由度选择的基本要求也不同，对专用机械手，其自由度的形式和总数应能保证机械手的手端部可以实现工艺规定的作业动作。对点位型工作的机械手，要保证手部起止点和中间转换点的位置正确，用直线或圆弧连接各控制点形成运动路线。对连续型工作的机械手，要保证手部作业动作的轨迹正确。对通用机械手，应根据通用性要求，保证作业运动应具有足够的灵活性，作业范围有一定适应性，力求采用最少的自由度数，以便简化机构和控制系统。

选择和确定自由度的方法有两种：仿生类比法和作业运动分解组合法。仿生类比法是指将机械手的动作与人（躯干、四肢）的动作相比较，用以确定自由度和自由度形式的方法。作业运动分解组合法是根据工艺确定的作业运动路线或起止点、中转点及选定的坐标系，把机械手的运动分解为几个基本的自由度，然后再依据工艺操作要求和现场工作条件的可能，对这些基本自由度加以选择，并进行恰当的组合，从而确定自由度数和自由度形式的方法。如对专用机械手，可按下述步骤进行：第一，弄清作业要求（动作及范围）；第二，初步选择坐标系；第三，拟定运动路线方案并分解为相应的基本自由度；第四，根据工件和工具的定向要求确定手腕自由度；第五，按作业动作要求确定手臂、机身、行走机构的自由度；第六，根据场所条件，选择最合理的运动方案和总自由度数；第七，结合坐标系选择及运动系统设计进行分析、比较和修改。

2. 坐标系选择

直角坐标系、圆柱坐标系、球坐标系、关节坐标系是机械手常用的四种基本坐标系。在四种基本坐标系的基础上，为适应多种作业运动要求或满足场地限制，可以构成复合坐标系，如带直角坐标行走机构的圆柱坐标系、球坐标系等。坐标系的选择应能满足如下要求：第一，既能简便地实现工艺操作的动作，又能有足够大的活动范围；第二，能减少自由度数，简化结构，减少占地面积；第三，在满足使用要求条件下，应选惯量小、定位精度高、容易控制的坐标形式；第四，坐标形式应注意有利于提高机械手的刚度和精度，对大型机械手应选择有利于提高搬运重量的坐标形式。

3. 运动方程

自由度和坐标形式的确定，虽然能定性地确定机械手的运动机能和机械结构原理方案，但要定量描述机械手的运动参数和规律并控制使用机械手，还需建立机械手的运动方程，如速度、加速度方程和作业空间方程等。

二、工作站

按照功能分类工作站可分为装配机器、检验机器、测试机器、包装机器和制造加工机器五类，一台机器可能是由上述的单一工作站所组成，也可能是由多个工作站组合而成的。多工作站的机器通常以主要工作站的功能分类。工作站的设计应首先考虑选用各种标准工作站，常见的标准工作站有：气（液）压冲床，用于金属弯曲、冲孔、模锻等；铣削动力头，用于钻孔、攻丝、铣削加工等；自动扳手，用于拆装螺纹连接等；铆接头，用于铆钉连接；焊接机具（包括超声波焊、激光焊等），用于熔接、软焊、锡焊等。当现有的工作站不满足要求时，才参照同类产品设计新工作站。

工作站的设计应以机器性能为依据，考虑如下诸方面。

第一，工作站与工件输送系统等的配合，包括工件移动至工作站时的方向是否正确，工件相对工作站或刀具是否正常定位，工作站工作时工件是否可固定，还有加工完毕后如何将工件从工作站卸下并传送至下一工作站。

第二，工件的输送、定位和夹紧与工作站的工作在时间上的关系及是否满足产率要求。

第三，工作站与工件之间出现卡死时，如何避免工件或机器的损坏。

第四，工作站要具有可调整性，以实现对工件的精确定位和与工件输送系统的精确同步。

第五，便于更换刀具，检修机器。

第六，安全。

（一）装配工作站

在电子工业中，装配工艺过程的自动化越来越受人们的重视，这主要是由于电子工业的大批量生产需要完成大量复杂的、有时十分精细的装配操作，如混合集成电路制造中，组装工序劳动量占总劳动量的 70% ~ 80%，半导体集成电路占 30% ~ 40%。这种单调、重复的操作带来了很高的劳动强度。另外，元器件的小型化、微型化及组装的高密度，使得人工装配很难保证产品质量稳定，且成本较低。因此，电子工业装配工艺过程自动化是一个发展方向。不过，由于电子产品的装配作业比其他作业复杂得多，加之电子产品发展快，更新换代快，有些装配操作工序又需要特殊的条件（如洁净空气、惰性气体、真空环境），所以电子产品装配作业自动化与其他工艺过程自动化相比发展缓慢。

所谓装配，就是将工件（包括元器件）连接成装配单元、部件、复合体、系统和成品的各种工序的总和。和机械工业相比，电子工业产品的装配有如下特点：装配对象除了机械上的连接、配合外，有关部分还有电气上的连接；装配的环境要求高；产品使用环境范围广，差异大；电子产品的装配多数都包含印制板部件装配。

实现电子产品装配过程自动化与各种工艺过程自动化一样，也是以工艺分析为基础。自动装配的工艺原理与手工装配基本相似，即先选择一个基本零件（简称基件），然后在基件上按照预定的工艺顺序逐一添装零件，直至形成部件和产品。不同的是，自动装配有"自动"的特点，因此人们拟定装配工艺过程所遵循的工艺原则既应保证易于实现自动化，又应保证自动装配过程的稳定性和可靠性。人们在选择基件和拟定工艺过程中应保证全部装配工作按单一零件流水作业方式进行，即以单个零件顺序向基件上安装，避免手工装配经常使用的组件与组件合装的方法，这是因为组件的自动上料、定向、下料要比单个零件复杂得多，有时甚至很难实现。另外，拟定装配工艺过程时，应尽量减少和避免工件在装配和输送过程中的翻转、升降、平移，以简化自动装配机的结构；工序安排和划分也要力求使结构最简单，为了保证装配质量，还应设置检测工序。

装配作业自动化的内容包括零件的输送、分选、定向、定位、装配作业和检测等环节的自动化，有时还包括清洗、油漆、打印、包装等环节的自动化，其中自动检测的工作内容随产品不同而不同，一般包括对装入零件的缺件检测、装入零件的方向、装入零件的位置、装入过程中零件的夹持误差、装入过程异物检查、装入零件的分选误差、装配后的密封质量、螺纹连接件装配质量、部件装配后的灵活性和其他性能等方面的检测。装配作业的自动化，既包含物流自动化，也包含信息流自动化。两方面自动化程度的高低与范围随生产规模和产品复杂程度的不同而不同。对于具有壳体、底板等部件的产品，基件的选择是唯一的，就是产品的壳体或底板。但是很多产品的基件选择并不唯一。

自动装配机由直接参与装配过程的部分和保证完成装配过程的部分组成。前者就是装配工作头，它包括进给部件、连接部件和固定部件；后者包括控制部件、基件传送部件、检验控制部件、卸料部件等。其中，装配工作头是装配机的重要部件，它主要进行装配作业。绝大多数的自动装配机是在基件不动状态下实现装配作业的，这可使自动装配设备运动简单，结构简化。例如，压配作业只有一个直线运动，螺纹连接只有一个螺旋运动。

1. 装配作业的基本形式

常见的装配作业基本形式有轴孔类零件的动配合、过渡配合、静配合装配，螺钉连接，热压过盈连接，开口销连接，铆接，折边连接，卷边，焊接，缠绕，加润滑油脂，嵌镶零件。此外，为完成基本装配作业还经常需要一些辅助作业，如检验、测试、调整、清洗，安放和拆卸临时支撑，分选，压入密封件等。上述操作中，属于安装和固定的约占45%，检验作业占19%，螺纹连接占56%，压配连接占7.8%。在电子工业中，安装和固定及检验作业的比例更高。目前，一个十分明显的趋势是，装配自动化程度越高，检验作业的比重越大。

2. 装配作业自动化对零部件结构工艺性的要求

并非所有零件装配都能容易地实现自动化，有些零件的结构工艺性不适应自动装配，从而限制了装配自动化的发展。为了实现自动化装配，设计人员在产品设计阶段就应考虑使零件具有适用于自动装配的结构工艺性。自动装配对零件结构工艺性的要求可以归纳为两个方面：一是有利于自动装配过程中的定向、供料和传送；二是有利于自动装配时的装入和固接。

零件自动定向和上料的堆易程度与其几何形状和尺寸参数有很大关系。产品设计时，尺寸大小受诸多条件限制不能进行较大变动，但有时几何形状只要稍加改变就会对自动定向和上料带来很大便利，如使零件结构对称可以简化定向机构，对必须不对称的零件可有意扩大其不对称性，使其定向时便于识别；零件的大小头尺寸不要差距过大，螺钉、销轴类零件要保持适当的长径比，这样可以提高自动输送和装配定位的稳定性；对不易分辨方位的零件，在不影响使用性能前提下，采用切边、削台阶作为定向标志，用以识别方位；对输送过程中易于嵌合和缠结的零件，像锥形杯状零件和弹簧，可以在锥形杯内壁（或外壁）加筋，在弹簧的两端采用封闭圈，并经平面磨削，而不用端部敞开的弹簧。

有利于自动装入仰固接结构的措施主要有以下几种。

第一，尽量减少零件的种类和数量。例如，仪表中的薄片齿轮常配合压在轴上，自动压装时，由于导向性差，难以确以保证装配质量，因此最好把齿轮和芯轴制成一个零件。

第二，选用适于装配的零件，如紧固螺钉，可选用端部带锥度的，以有利导向。

第三，零件的装入向最好一致，避免基件翻转。

第四，尽量以铆、粘接代替螺纹连接，简化自动装配。

3. 螺纹连接自动化

螺纹连接自动装配作业的内容包括将螺钉或螺母自动输送到装配位置并使其正确定向，自动找正螺钉或螺母中心，将螺钉或螺母自动拧紧，螺钉或螺母的自动输送和定向多用振动上料装置实现。为了便于装配，标准螺钉和螺母都制有安装倒角。自动拧紧作业目前广泛应用各种自动、半自动螺纹拧紧器（自动扳手），这些装置还能自动控制拧紧扭矩。自动拧紧装置由自动供料装置和动力扳手两部分组成，半自动拧紧装置只有动力扳手，供料由人工完成。

按照动力来源自动拧紧装置可分为电动拧紧器、气动拧紧器和液动拧紧器三种。电动拧紧器也称电动扳手，用直流或交流电机驱动，经齿轮减速带动六角套筒、内六角扳手或改锥，扭矩控制常采用机械式安全离合器、电流继电器或载荷继电器等实现，拧紧时自动切断动力源。气动拧紧器也称气动扳手，采用 0.4～0.6MPa 的压缩空气作动力，用叶片式气动马达带动，经行星齿轮减速可得低转速、大扭矩，行星齿轮带动内六角、外六角扳手或改锥，这种拧紧器的特点是结构紧凑、体积小、便于无级调速和控制输出扭矩，但噪声大，耗气量及功率消耗大，且输出扭矩受空气压力影响而不够稳定。液压拧紧器用压力为 2.5～6.3MPa 的液压油作为动力，经液压马达、齿轮减速得到大扭矩，它结构紧凑，能无级调速和调压，出力稳定，适用于大直径螺纹扭紧。

进行扳手结构设计时，为补偿扳手与零件上螺孔位置的相对误差，必须在扳手与拧紧轴之间设置十字接头、万向节等浮动联轴节。扳手端部是与螺纹连接件直接接触部分，为可靠地传递扭矩，应易于夹压，其结构形式有弹性夹持、滚珠夹持、滚柱夹持等。小直径螺纹连接件还可用真空吸附结构。

4. 印制板部件装配过程自动化

印制板（PCB）部件的装配过程是把电阻、电容、（集成电路等）插座等元器件插装到经过机加工和腐蚀制板的印制板上，并进行焊接和检查。在电子产品中采用印制板部件可使得产品可靠性高，稳定性好，体积小，重量轻，便于检查、维修，有利于大批量自动化生产。由于印制电路板上插装的元器件数量大（往往超过整机全部零件数量的一半），密度高，手工插装与焊接费工费时且易出错（漏插和误插），因此印制板部件装配过程的自动化有着重要意义。

印制板部件基本生产过程如下。

①备料，备齐全部元器件、零配件、已完成机械加工和腐蚀制板的印制板。

②元器件引线处理加工，对元器件引线进行清洁助焊处理，然后进行矫直、定长切断与成形，成形工艺有的在专用成形机上进行，而有的插件机带有成形机构。

③清洗、烘干印制电路板，清洗包括去灰尘、油污、氧化膜。

④检查元器件和印制电路板有无损坏及其他质量问题。

⑤装盒，将元器件按装配顺序分门别类放入分类盒中。

⑥插装元器件。

⑦焊前检查，抽样检查元器件的插装位置是否正确，有无漏插、误插、反插。

⑧焊接，包括焊前处理。

⑨清洗，去掉印制板上的焊剂残渣。

⑩修整，更换焊接、清洗中损坏的元器件。

⑪外观检查，百分之百地检查焊点质量、元器件和印刷电路板的外在质量。

⑫补焊，对质量不符要求的焊点和误焊、漏焊进行补焊。

⑬电气测试。

⑭防潮密封处理（有时不需要）。

⑮入库或转入下道工序。

根据上述生产过程，印制板部件的生产方式包括手工操作方式，手工插件、自动焊接方式，自动方式三种。手工操作方式的主要工序都用手工完成，不需要特殊的设备，这种方式转换产品品种灵活方便，适用于生产实验设备和小批量产品。对大批量生产来说，这种方式是落后的，已经基本淘汰。手工插件、自动焊接方式采用手工插件，自动焊接、测试，适于大批量生产，但其存在的问题是容易发生漏插、插错，之前国内电视机、收录机生产多用这种方式。在自动方式中部分元器件自动插装、自动焊接、自动检查测试，印制板部件生产的主要工序基本上都自动进行，由于插件机多为专用，适用于多种规格或多种类型的元器件插装机相当昂贵，所以自动生产方式中仍免不了需要手工插装一些元器件。

印制板部件生产所用的主要设备包括元件分选机、引线成形机、元件插装机、焊接机及贯穿全过程的物料传送装置。完成自动插装的设备是插件机，负责插装的插装头是各种插件机的主要工作机构。根据元器件的不同，常用的插装头有四种：圆柱形壳体轴向引线元件插装头，径向扁平引线元件插装头，跨接线、空心转接端子插装头，组件转接器、管座等元件插装头。为了适应同类元器件种类繁多、尺寸不一、零件形状略有差异的实际情况，研制具有迅速调整能力的组合式插装头是十分有必要的。但是，不论哪种插装头，形状复杂元件的定位都是最重要、最困难的课题。

自19世纪60年代中期以来，美国、日本、荷兰等国家以印制板组件通孔插装为基础，不断发展和突破，形成了一种包括元器件、组装设备、焊接方法和组装辅助材料等内容的综合性系统技术，即第四代组装技术——表面安装技术（SMT）。这种技术不仅可以大幅度缩小产品体积并减轻产品重量，而且更易于实现生产制造过程自动化。由于SMT所用元器件基本上是无引线或短引线的，故可使线路的高速性能和高频性能更好。另外，采用SMT技术还可使产品的可靠性提高，生产成本降低，元器件组装密度高，抗震能力强。在SMT技术中，根据所用的元器件，对PCB的不同组装形式都有相应的工艺流程。对于单面板贴片式元器件（如层式电阻、片式C等），其工艺流程有丝印焊膏—贴片—再流焊—清洗—测试，点胶—贴片—胶固化—波峰焊—清洗—测试两种。采用插件与贴片混装的单面板的工艺过程是丝印焊膏—贴片—再流焊—插件—波峰焊—清洗—测试。对于双面板，除各面的贴片、插件等工序外，还应设置翻板工序。在SMT贴装工艺技术中，重点是点胶、固化、涂膏、贴片和焊接等工序。

在 SMT 生产中，点胶工艺常用的胶剂主要有环氧树脂类和丙烯酸酯类胶。点胶时，要注意点胶的环境温度、胶的黏度、涂敷量、胶点形状（最好为半球状）等问题。点胶通常都是由电脑控制的自动点胶机实现的，改变针头直径、空气压力和喷压时间即可调节涂敷量。丝印焊膏中的焊膏由金属粉末与稠化助焊剂载体组成，合金粉末占 85% ~ 90%，后者占 10% ~ 15%，采用全自动或半自动丝网印刷机丝印时，焊膏主要是利用刮刀的压力涂敷到基板上的。影响涂敷质量的因素有：焊膏的黏度，环境温度，印制图形漏模板的厚度（过厚，焊点太大；太薄则易引起虚焊、脱焊），刮刀的压力、硬度及运行速度，网板与基板之间的距离。

除丝网印刷涂开外，还可以利用带电脑控制的点背机涂膏。其涂膏过程类似于点胶，它没有丝网印刷迅速方便，但非常灵活。焊膏涂敷后应立即贴片。贴装使用环氧树脂类胶时，常采用热固化；使用丙烯酸酯类胶时，采用紫外线与加热方式相结合的胶固化方法。SMT 中的重要工序是贴片，即用自动贴装机将元器件准确贴到 PCB 的相应位置上。贴装机的选型依据包括：可贴 PCB 尺寸、贴片速度、贴片精度、贴片头转角和定位精度，可贴元器件的规格、品种、范围，可装送料器数量等。这些要求与插装工艺中自动插装机的选型条件相类似。与自动插装机是插装流水线水平高低的主要标志一样，自动贴装机也是 SMT 流水线水平高低的主要标志。

在 SMT 中，焊接主要有两种方式：波峰焊和再流焊。SMT 中采用波峰焊时要注意，有些元件不适用波峰焊，另外还要注意 PCB 的传送速度要适中，PCB 的走向要合理并要防止高密度元件引脚的桥连现象。再流焊的原理是将贴装元件的基板送入加热炉，焊接加热时焊料重新分配形成接头，这种焊接方式与涂膏工艺配合使用，一般人们常采用红外再流焊。为保证再流焊的质量，人们要注意不同焊膏的加热温度曲线不同，另外要保证 PCB 板传送速度与加热时间和加热温度相适应，并使红外再流焊的焊接温度高于焊膏液态线温度 35℃，在焊接过程中，还要保持焊锡液态 60s。

另外，在 SMT 中使用的印制板除应具有普通印制板的基本性能外，还应满足片式无引线或短引线元器件（SMD）高密度装联的工艺要求，其热膨胀系数、结构尺寸（更加精细）、稳定性等物理特性要与 SMD 载体材料相匹配。

（二）包装机械简介

包装是指在输送和保管物品时，为保持物品的价值与状态，使用适宜的材料和容器等对物品进行处理的技术。

1. 包装的功能、分类与包装材料

产品的包装应具有保护产品、方便储运、促进销售等功能，产品从出厂到送至用户手中需经过多种环节，这些环节中可能出现的雨淋、日晒、光照、紫外线辐射、冷冻、高温、酸碱、油污、灰尘、冲击、振动、机械损伤、生物污染等因素都可能导致产品使用性能下降，甚至破（损）坏，因此通常产品需要进行包装。有时从商业、运输、美观等要求出发，也需对产品实行包装，如礼品包装、集合包装（将若干包装件或产品集装在一起，形成一个合适的搬运单元）。

根据功能和用途，包装有内包装（直接与内装物接触的包装）、外包装（贴着内包装进行的二次包装）、运输包装、销售包装（保护、美化、宣传产品）、硬包装（充填或取出内装物后，容器形状基本不变的包装）、软包装、透明包装、可折叠包装、可拆卸包装（容器可拆卸成若干部分）、可携带包装、多用途包装（包装容器具有其他预定用途）、配套包装（品种不同用途相关的数种产品搭配在一起包装）、多件包装，一次用量包装、回收包装、不回收包装、局部包装（机电产品中仅对产品需要防护的部位进行包装）、敞开包装（将产品固定在底座上，对产品不再进行包装或仅作局部包装）、集合包装、托盘包装（将包装件或产品堆码在托盘上，以捆、扎、裹、胶等方法固定，从而形成一个搬运单元）、内销包装、出口包装、礼品包装、危险品包装等形式。

不同国家有不同的包装分类方法。美国把包装分为原包装、二级包装和三级包装，日本把包装分为个装、内装和外装，它们大体对应于前述的内包装、外包装和运输包装。根据用途，包装一般可分为工业包装、商业包装和军用包装。工业包装以保护性要求为主，经济性为辅，可以忽略商品、卫生方面的要求，着重于方便储运。商业包装要注意商品性、卫生性、保护性要求。军用包装以保护、方便为主。

包装技术的发展与包装材料和容器的发展密切相关。常用包装材料有纸和纸板、塑料、金属容器、玻璃和木材等。各种包装材料中，纸和纸板用量（折算成产值）占总包装材料用量的 50% 左右。纸包装具有一定的保护性（防潮、耐油、耐水、不透光、不透气），易于包装操作，有一定强度，易印刷，印刷后具有装饰性和宣传作用，纸主要用作原包装，纸板具有一定强度，也便于装饰、加工、包装操作，因此被广泛用作外包装和运输包装。相对其他包装材料，纸和纸板包装较经济。最近几年，瓦楞纸、涂塑、浸蜡、纸和纸板基复合材料的品种和工艺的开发提高了纸和纸板包装材料的使用性能，使它们的应用范围更加广泛。塑料的品种繁多、性能不一，可以适应包装材料对美观轻巧、耐化学腐蚀、保护性能好、成型性好、成本较低等方面的要求。包装中使用的塑料主要有聚乙烯（PE）、聚丙烯（PP）、聚氯乙烯（PVC）、聚苯乙烯（PS）等。它们分别可以通过不同的工艺（包括发泡）制成线、薄膜、薄片、瓶、罐、盒、盖。塑料包装的缺点是耐热性差，易老化。塑料、铝箔、纸板复合材料是当今发展最迅速的包装材料。

金属在整个包装材料中所占的份额居第二位，仅次于纸和纸板。每年全世界包装消耗的金属约为：钢 1 500 万 t、铝 150 万 t、锡 6 万 t。除此之外，镀锡钢板（马口铁）有 90% 用于包装工业。价格较低的低碳钢镀铬板有取代镀锡钢板的趋势。金属容器成形方法有焊接、熔接、冲拔等。金属容器包装性能较高，价格相对也较高。玻璃、木材也可用作包装材料。用玻璃容器做包装，其综合性能（包括抗污染能力、内容物可见度、气密性、重新密封性、美观、抗破碎能力、回收使用性、重量 / 容量比、价格诸方面）最好，但生产能耗大，抗猛烈冲击性能差、重量 / 容量比大是其显著缺点。

2. 包装作业的基本形式、包装机的组成与分类

包装作业的基本形式有充填、封口、裹包、结扎、捆扎、堆码、点标、清洗、干燥、消毒等。根据包装机所完成的包装作业，包装机可分为单功能包装机、多功能包装机、包装线及辅助包装机。单功能包装机仅能完成一种主要包装操作，如充填机、封口机等。多功能包装机可完成多种包装操作，如袋成型—充填—封口机、箱成型—充填—封口机。辅助包装机是指完成包装前（或后）辅助操作的机械，如清洗机、干燥机、打印机和检验机。包装线则可完成多种包装作业和辅助包装作业。包装机（线）一般由驱动系统、物料（包装材料和内装物）供输系统、包装操作系统、控制系统组成。

第五节　控制系统与常用传感器

工业自动化设备是由大量复杂的机构或机组所组成的，这些机构或机组按照一定的时间顺序精确协调、相互作用，完成指定的工艺过程，以便得到一定数量具有指定尺寸及其他质量参数要求的产品，能够实现工业自动化设备的各部件、机组及所有的辅助装置在动作上协调有序的机构组成了工业自动化设备的控制系统。

工业自动化设备控制系统设计方案是根据加工工艺流程、调整计算书及工

作循环周期表拟订的。工作循环周期表不仅图解性地描述了工业自动化设备的工作循环，而且反映了它的工作全过程。

一、控制系统的功能、组成与分类

当工业自动化设备以自动方式或以调整方式工作时，控制系统应具有以下功能。

第一，对设备所包含的各个机构和装置（工作站、输送机、料库、转位机构、辅助装置等）进行控制，使它们以指定的速度（有时还包括加速度等）完成指定的位移等。

第二，对各个工段（或各机组）的工作循环进行控制，使它们有指定的动作次序。

第三，将各个独立的机组或工段相互连接在一起，使它们按指定的相互作用特性进行工作。

第四，可以迅速地发现故障发生的部位和特征，以便最大限度地缩短排除故障的时间。

第五，其他的附加功能，如计算产品数量，给出加工过程信号和产品质量信号等。

对于复杂的自动线，控制系统应能保证实现：全线自动工作循环控制、单循环控制（用于调整试车时，每次启动只工作一个循环就停止）、预停控制（正常工作情况下，必须在一次工作循环后，待全部执行机构返回原位方可停车）、单机调整控制（可分别互不影响地控制每个执行机构单独动作）和其他附加功能。控制系统的功能应能满足工作、安全和使用上的要求，这包括顺序控制、质量控制、事故监督控制和其他辅助要求。其中，顺序控制（工作循环控制）对于机组间呈刚性联结的自动化设备才有物理意义；对机组间呈柔性联结的自动线，由于所有工艺机组的工作在时间上不同步，"自动线工作循环"的概念一般说来是不存在的。正因为如此，对分工段的自动线，工作循环的概念仅适用于单个工段。

为了实现自动工作循环控制，自动化单机和自动生产线需要使用各种程序控制器。

工业自动化设备程序控制器的程序设计一般包括三个阶段：第一阶段，拟订待加工工件的加工工艺过程，确定工作机构的位移路线，选择加工规范、刀具和夹具，填写工艺卡，确定生产率；第二阶段，对加工过程进行数学描述，从对所有的机构进行自动控制出发，确定机构的位移的坐标；第三阶段，编制工作循环周期表，填写自动工作循环状态图，建立并简化逻辑函数，绘制逻辑系统图，选用、设计、制作并检验程序器。

除了纯机械控制形式（如采用凸轮分配轴控制的一些自动机床）外，工业自动化设备还广泛采用各种电气、液压和气动自动装置。由这些自动装置所构成的控制系统按功用其组成可分为发送器、传输转换装置和执行机构三个部分。

第一，发送器（输入器件）的作用是把机械动作或者某些物理作用转换为电信号，这些信号的形成与前一个工作循环或一个动作的开始或结束有关。可作为发送器的电气元件有控制按钮、行程开关、转换开关、温度传感器，压力传感器、光电元件等。

第二，传输转换装置的作用是将发送器送来的信号进行传输、分配、综合、放大和转换等，常用的传输转换元件有中间继电器、接触器、时间继电器、逻辑元件等。

第三，执行机构的作用是在传输转换装置输出信号的控制下，实现指定的操作和循环。常见的执行机构有电动机、电磁铁、电磁离合器、电磁工作台、加热器等。一般说来，指令信号的发送和对指令执行情况的监测多采用电子自动装置，而液压和气动装置多用作执行机构，且液压装置用动作慢的执行机构，气动装置用动作快的执行机构。

根据不同的原则，工业自动化设备所使用的控制系统有不同的分类方法。按系统主要组成元件（程序器、执行元件）的物理性质可分为电气控制系统、机械控制系统、流体控制系统。按系统被控制量（即输出量）的特点可分为断续控制系统（系统内中信号的传递和被控对象的运动是断续的，即是有级的）、连续控制系统（系统内部信号的传递和被控制对象的运动是不间断的，即是无级的）。按系统输出和输入关系（即有无反馈）可分为开环系统（输出端与输入端间无反馈回路，输出量对系统的控制作用无影响）、闭环系统（输出与输入端间有反馈回路，输出量对系统的控制作用有影响）。按给定量的变化规律可分为恒值控制系统（输入量是一个给定的恒值）、程序控制系统（系统的控制作用按预先给定的规律即程序变化）、随动系统（控制系统的控制作用是时间的未知函数，即给定量的变化规律是事先不能确定的，而输出量能够准确迅速地复现给定量，即输入量的变化）。

各种控制方法在电子工业中都有所应用，如在电阻生产中，1/8W 电阻自动压帽机、自动激光刻槽机、自动引线焊接机等都用凸轮装置作为自动控制装置。单个凸轮装置可用来实现指令信号的切换和变换，多个凸轮装置的组合（分配轴）可用来保证不同执行机构动作协调。

二、工作循环周期表

工作循环周期表是拟定控制器程序、设计控制系统的依据。

对于复杂的自动机器系统，周期表一般横坐标表示时间，纵坐标表示自动线各运动部件和机构的动作。从周期表中，人们除了可以清楚地看出自动机器系统各工艺设备及辅助装置的动作顺序、动作时间和工作节拍，还可知道各机构动作的一部分互锁要求。

复杂的自动机器系统（包括自动线）的工作循环周期表按如下步骤和方法编制。

第一，根据工艺方案和结构方案，确定各机构的动作顺序互锁要求，计算各机构的动作时间（包括动力头、动力头滑台的机动时间，快进、快退时间，输送装置传送时间，夹具定位夹紧时间等）。

第二，在周期表上，以横坐标表示时间（单位为分或秒），以纵坐标表示各运动部件和机构的动作状态（按动作顺序排列，并用箭头表示各动作的先后顺序）。

第三，对于单工段自动线，循环周期表应从循环时间最长的机床（限制性工序）进行绘制。对于多工段自动线，其应从循环时间最长的工段开始绘制，其他工段的动作开始信号由此工段进行控制，也可以最后一个工段的输送带向前动作作为编制周期表的起点。多工段自动线的工段与工段间应留有 $0.02 \sim 0.05\text{min}$ 的空隙时间。

第四，一个工段内如果有几台机床的动作循环时间相似，则以循环时间最长的一台为代表进行编制。

第五，周期表中除表示出各部分的合作关系外，还应表示出各段独立工作的控制信号，该独立工作的控制信号一般用虚线表示。

第六，对于具有若干平行支线的自动线（并列流水作业），只需编制一条支线的工作循环周期表和反映工件在支线之间传送情况的输送装置工作循环周期表。贮料库（如果有的话）的工作循环周期表按进料和出料方式编制，与自动线无直接关系。

第七，为了缩短工作循环时间，可以从两方面努力：一方面，减少输送、定位、夹紧、动力头的快速引进，工作进给，快速退回，松开定位夹紧装置等主要机构的工作时间和数量，并尽量使之重合；另一方面，尽可能缩短各机构的行程长度，并且提高运动速度，特别是空程，在可能情况下应选取最小空程长度。

第八，辅助机构的配合运动一般与主要工作机构的动作同时进行，它与主要机构运动的结尾之间应留有一定的时间储备，以便补偿某一机构工作中出现的动作延误。

第九，对自动工作时要完成几个运动的一些机构，要尽量使这些机构的各个运动连续进行。

第十，自动线的各机构在一个工作循环内必须完成各自的全部动作。

另外需要说明，为满足自动线的调整、试车和正常运转的要求，自动机器的控制系统一般应具有三种工作循环方式，即自动、半自动和调整工作循环。对于多段自动线，除上述三种工作循环外，还需根据不同情况增加一些必要的，包括段与段之间连接运动部件的工作循环内容，以实现单段自动、半自动或调整工作循环，工作循环方式的选择，多通过万能转换开关实现。

三、连锁、信号和故障寻找系统

自动机器系统各运动部件的运动是按一定顺序进行的，彼此之间必须有严格的连锁要求。也就是说，一个运动部件的动作必须要在一定的条件下才能进行，否则就可能破坏运动部件彼此间协调有序的关系，引发事故。分散控制和混合控制从工作循环角度解决了运动部件间的连锁问题。很显然，该自动线的控制系统，不仅应能按固定程序控制各个机组和各个工段的工作循环，还应有专门的控制线路来协调工段与工段、工段与料库之间工作状态的变化。这个工作由连锁线路来完成。那些既能保证自动机器系统部件之间无故障进行工作，又能维持机器系统自动工作和以调整方式工作的特征称为连锁特征。机组间呈刚性联结的，连锁问题较为简单；机组间呈柔性连接的，连锁问题最为复杂。

柔性联结自动线的连锁系统中，一台设备、一个工段，或者局部输送机等的停车都不会引起与其相连的前后设备或工段马上停车，只有当它们与邻接设备或工段之间在制品断档（或中间料库料满）时，连锁线路才会使它们与邻接机组断开。电气传动装置及控制线路，都以上述要求作为其构成的基本条件。在柔性联结自动线里，随着配置不同，连锁系统需满足如下要求。

第一，借助有无零件的检查，实现邻接机组相互连接和连锁。在这种情况下，每台机床都只有在上料料槽中有零件，而卸料工位上无零件时，才能进行工作。

第二，在设备依次排列的工段里、在机床或者工段的输送机衔接处，当邻接输送机工作不协调时，不允许它们之间有机械碰撞。

第三，应当分别对每台机床、输送机或者料库进行控制，在它们之间在除了具有前两条所指出的那些联系之外，机床、输送机和料库应当自动而独立地进行工作。

第四，输送机和输送料槽要最大限度地被利用。

为了便于观察自动机器系统是否接电，工作状态是否正常，节拍是否协调，还有装置的工作情况，应在适当位置设置电源、工作循环、节拍控制、自动测量等信号指示，信号指示可以用灯光或音乐，其中音响指示多用于大型设备或自动线，灯光信号还可以由不同的颜色、亮度或闪光进行区分。信号灯一般都装在中央操纵台或专设的信号显示屏上。自动线启动时，最好采用短促音响信号以保障人身安全。信号系统本身应力要求简单，否则复杂信号系统本身的不可靠性易产生更大的故障。

为了发现、查找故障原因，应设置故障寻检系统，对容易发生故障和影响工作循环的信号进行检查。实际使用中可广泛使用灯光信号寻找故障。例如，当需要得到开关或者继电器线路接通信号时，最简单的方法是把信号灯和待检查的开关或继电器的相应触点串联在一起，信号灯亮表示接通，未接通时信号灯不亮，不过若此时信号灯烧坏，灯光亦不亮，而不论此时相应开关或继电器接触与否，显然这时的灯不亮给出的信号是错误的，这是上述检查线路的致命弱点，其改进的方法是将信号灯与一电阻串联后再与待检查元件线路并联，这时信号灯全亮为断电信号，半亮为接通信号，从而排除信号灯烧坏时产生错误信号的可能。

对大量电气元器件组成的线路，人们常设置步进式故障寻找器检查线路故障情况，而更为先进的线路可采用可编程控制器、故障寻检装置和编程装置组成的故障寻检系统。

四、常用传感器

传感器是工业自动化设备中不可缺少的元件，它主要用于监视、测量其周围事物的变化，并把这处变化转换成电气信号（一般情况下），然后传输给信息处理电路去判断、存贮和运算。传感器种类繁多，但基本上可分为事件类传感器和连续类传感器两大类。

事件类传感器用于检测特定事件是否发生，并用输出（ON/OFF）来表示。由于机器控制最基本的要求是操作顺序，一个操作的结束需转换为下一个操作的开始，显然事件型传感器提供的 ON/OFF（或逻辑变量"0"和"1"）基本可以控制机器的操作工序。另外，事件传感器也广泛用于机器保护和故障寻检。典型的事件传感器有光电开关、双金属温度开关、压力开关等各种开关。

连续类传感器用于检测位移、速度、加速度、温度、压力、力矩等物理变量。它常用于机器的闭环伺服系统，主要用来量测、标示、记录或记忆存贮机器或工件的一些物理性能参数等。典型的连续型传感器有位移传感器（电位差计、差动变压器、磁尺、旋转变压器、回转式编码器等）、速度传感器（脉冲发生器等）、力与压力传感器（应变片、载荷传感器、压力传感器、转矩传感器）等。

第六节　工业自动化设备的方案设计

一、工业自动化设备总体设计的一般要求

工业自动化设备按操作和组成可以分成自动化单机和自动生产线，它们都可以独立地完成某种（些）自动操作，实现生产过程自动化。工业自动化设备的设计实际上就是将各种功能单元组合在一起（这些单元都能完成所要求的输出功能），从而组成一个完整的系统，该系统对给定的输入能得到所要求的输出，同时又能满足对系统的所有限制和需求。这些限制和需求包括：第一，生产率，包括循环生产率、技术生产率、实际生产率、相应的生产率系数、技术利用系数、利用系数等；第二，毛坯及其有关的物理和化学性质；第三，产品及产品精度、强度、刚度、寿命、可靠性相其他方面的要求；第四，使用环境对设备的要求；第五，设备的价格、尺寸、重量寿命的要求；第六，使用者的特殊要求。这些限制和需求，决定了机器使用性能和技术性能方面的一些特定指标，如运动平稳性、可靠性、机器的精度、产品的加工精度等。

工业自动化设备的系统设计有时也称总体设计，在进行总体设计时，对每一个设计问题，一般总有很多解决方案，总体设计阶段的工作重点在于设法得到一个最佳的系统设计。工业自动化设备设计既包含创造性劳动，也包含模仿。在工程的创造设计上没有通用的设计程序，但是有很多的设计方法可用于某些

特定的设计问题。在国外有学者详细地说明了35种不同的设计方法。设计中，不论是创造或者局部模仿，经验都是很宝贵的。另外，设计人员对设计对象了解越深刻，分析越全面，对问题的解决越有好处。

二、总体设计的内容与步骤

件料生产自动机器系统总体设计的内容包括：第一，拟定工艺原理图，选择和确定工艺流程、绘制工艺原理图、工序图、加工示意图；第二，选择和确定工件输送方法，确定工件怎样传递到机器加工位置，怎样在完成加工后输出，移动工件过程中工件的方位（姿态）是否变化及怎样变化；第三，工件在工作站上怎样接受加工，确定每一种基本操作及其实现方法；第四，选择和确定执行元件、发送元件和程序器等，拟定自动化方案；第五，进行节拍平衡，绘制周期表；第六，进行总体布局，绘制总联系尺寸图。上述总体设计内容相互之间的联系十分密切，某一项的细小变化都可能给其他方面带来很大影响。

在进行总体设计之前必须做好准备工作，以便获得详细的有关资料，这些资料除来自技术任务书外，还来自相似产品的实际生产方法，甚至是手工生产方法中的技术文件，因此进行参观、调研是不可缺少的。参观、调研的目的在于了解与产品生产有关的全部资料，这些资料包括生产率、毛坯、产品、环境、操作使用者技术水平、加工制造和生产经验等方面情况，其中人们易于忽略的是辅助操作（冷却、润滑、排屑等）情况、废品情况、事故情况。由此，总体设计工作可以划分为准备阶段、总体设计和总体方案评审阶段。在评审之后，设计人员即可按照总体设计方案进行具体的结构设计。

三、影响总体结构方案的主要因素

影响总体结构方案的因素主要有以下几方面。

第一，工件的几何形状、结构特征、材质、毛坯状况及工艺要求。工件的几何形状、结构特征基本上决定了自动上下料装置的形式和工件输送方式，如金属切削加工中，形状简单、规则易于定向的中小型旋转体工件，多采用料斗式自动上下料装置，靠自身重力在槽形输送料道中直接滚送或滑送；箱体杂类工件和较大的旋转体工件多用料仓式自动上下料装置，根据输送基面情况选用托盘、随行夹具或直接步进输送；软质、畸形工件多用随行夹具间接输送。毛坯裕量则影响了工位数、节拍时间和换刀周期等。

第二，生产纲领。生产纲领大，节拍时间短，可增加顺序加工机床或平行加工机床数目，即增加工位数或并列流水线数目。

第三，使用条件。使用条件包括车间场地、车间集中排屑设施和排屑方向，装料高度一致性，吊运工具、气源等。

第四，加工制造的设备条件、工艺水平。

四、工艺方案

工艺方案是设计自动机器系统的基础，它确定了加工工艺内容、加工方法和加工顺序。在制订工艺方案时要考虑的问题如下。

第一，工件毛坯。旋转体类工件多为棒料、锻件和少量铸件毛坯，箱体、杂类工件多用铸件和少量锻件毛坯。毛坯制造工艺要先进，要有适当的精度要求，加工范围的裕量和硬度要均匀。毛坯的形状和结构要便于输送、定位和夹紧。

第二，工件定位基准。工件定位基准应遵循一般的工艺原则，旋转件工件常以中心孔、内孔、外圆、端面、台阶面定位；直接输送的箱体工件常用“二销一面”定位，此外人们还需注意几点：其一，为减少各工位上的定位误差，应选用槽基准定位；其二，尽量选用设计基准作为定位基准，以减少更换基准带来的加工误差；其三，所选的定位基准，应使工件在加工过程中转位次数最少；其四，统一定位基准，以便统一夹具结构，并尽量考虑使夹具结构简单；其五，箱体和杂类工件所选的定位基准与夹具结构，应使工件能暴露出更多的加工面，以便实现多面加工。

第三，输送基面。旋转体类工件根据输送方法可选外圆作为输送基面或支承面，选两端面作为限位面；盘环类工件可以用外圆、端面作为输送基面或支承面；箱体类输送基面一般为底面。

第四，工艺流程，这里特别要注意的是检验、清洗、倒屑等辅助操作要合理安排。

第五，切削用量。切削用量在选择时要考虑工件材料、刀具材料、刀具强度、耐用度及冷却润滑条件。

第六，对含有酸洗、碱洗、水洗、冷却、加热、涂漆等工序的工艺过程，要考虑分区约束，以利控制污染。

第七，节拍平衡。电子工业中有些工艺过程既含有件料生产，又含有类似于纺织、印染行业中的连续生产作业，如彩色电视机显像管荫罩零件的生产。

这时，人们更应认真进行节拍平衡，并尽可能设置自动料库。

（一）工艺方案的类型与选择

在电子工业生产中，不论是材料制备、元器件生产、部件或整机装配，还是产品封装与包装，相应的自动化设备首先要适合对应的生产过程。设备设计时，生产过程一般可以通过多种工艺方案实现，工艺方案不同，自动化设备的工作原理、结构组成、控制系统、操作与加工方法就可能不同。因此，设备设计的首要工作是解决工艺方案的选择问题。工艺方案有以下两种。

1. 工艺性方案

工艺性方案是指采用性质完全不同的物理方法完成工艺动作的方案。例如，塑料袋封口机械可采用电阻加热封口、高频加热封口、超声加热封口等物理性质完全不同的封口方法，从而形成不同的工艺性方案。除此之外，单晶硅棒的切片，有（金刚）砂轮切片、激光切片等，也都构成了物理性质完全不同的工艺性方案。

2. 结构性方案

结构性方案是指工艺方案虽具有相同的物理性质，但操作方式、加工方法不同所形成的方案，如硅棒砂轮切片，有内圆切片和外圆切片两种。

（二）工艺方案的拟定

工艺方案是设计建立自动机器系统的基础，它包括确定自动机器系统的工艺内容、加工方法和顺序。技术人员拟定的工艺方案应力求做到可靠、合理和先进，并能简化自动机器系统的结构，便于实现自动生产与操作，保证产品质量均匀一致。拟定工艺方案需注意如下几方面。

1. 合理选择原材料或毛坯

毛坯或原材料的材质、制造方法、质量对自动机器的工艺过程，结构形式，复杂程度及工作可靠性等都有直接影响。对毛坯选择的要求是：第一，毛坯本身的制造工艺必须先进，这样才能保证毛坯的供应量能满足自动机器高生产率的需要，保证毛坯的制造精度适用于自动机器的加工、装夹和输送。因此，自动机器的毛坯多选用各种型材。箱体、杂类工件的毛坯应采用精密铸造、精密锻造、注塑，或冲压等工艺。第二，毛坯尺寸和表面形状允差要小，硬度变化范围要小。尺寸误差和表面形状允差及硬度，除影响工件加工序装夹方式和输送方式，还影响刀具寿命及加工质量（尺寸精度、粗糙度）的稳定。第三，为了便于装夹、输送，在不影响工件使用质量的前提下，应允许对毛坯做某些工艺上或结构上的局部修改，如在箱体和杂类工件上做出工艺凸台、工艺销孔、工艺平面、工艺凹槽等。印制板部件生产线，通常在印制板上都要预先加工出一些工艺孔。

2. 合理选择定位基面、输送基面和夹紧部位

定位基面和输送基面的选择会直接影响物料输送装置和定位夹紧装置的结构与形式。定位基面的选择要从保证工件加工精度和简化机器系统结构的原则出发，注意尽可能采用设计基准作为工艺基准，避免基准不重合带来的误差。当两基准无法保证重合时，要进行尺寸换算和精度验算。尽可能采用统一的定位基面，这有利于保证加工难度和简化、统一夹具结构，旋转体工件多用中心孔、内孔、外圆面或端面、凸肩面定位。直接输送的箱体，一般采用"两销一面"定位方式。若自动机器系统工位较多，比如多工位自动线或加工软质材料工件的自动线往往采用两套定位销孔，粗、精加工各用一套，以保证定位精度要求，加工时要尽可能采用已加工面作为定位基面。定位基准应使夹具结构简单。必须以工件毛面定位时，最好选用光滑平整的毛面作为基准，并使用随行夹具。

工件在自动机器系统中输送时所选用的表面称为输送基面。为保证输送时工件稳定，输送基面应有足够大的支承面。为方便输送，必要时可在工件上增加工艺凸台作为输送基面。外形不规则，没有合适输送基面的工件，可采用随行夹具输送。小型回转体类工件常靠重力在输送料槽中滚动或滑动输送。滚动输送一般以外圆作为支撑面，以两端面为限位面。为防止输送中工件偏歪，工件限位面与料槽间隙应合理，两端支承处的直径尺寸应一致或接近，并使工件的重心在两支承点的对称线处。当采用纵向滑动输送时，以回转体工件外圆面作为输送基面。当难以利用重力输送，或要求提高输送可靠性时可采用强迫输送。采用强迫输送的轴类工件以两端的轴颈为支撑，用链式输送装置输送，或以外圆面为支撑，从一端推动工件沿料道输送。盘环类工件常以端面为支撑，用链板式输送装置输送。

箱体类工件的输送方式有直接输送和间接输送两种。直接输送不用随行夹具及其返回装置，在不同工位上容易更换定位基准。间接输送是对装有工件的夹具体进行输送。一般人们在确定输送方式时应优先选用直接输送。箱体类工件一般以底面为输送面，两侧面为限位面，前后面为推拉面。当采用步进式输送装置时，输送面和两侧限位面在输送方向上应有足够长度，以防止输送时工件偏歪。畸形工件采用抬起式输送装置时，工件重心应落在支撑点所包围的平面内，以保证平稳输送。当夹具对工件输送位置有严格要求时，工件的推拉面

与定位基准之间应有精度要求。例如，箱体工件用"两销一面"定位时，工件的棘爪推拉面和侧限位面与工件的两个定位销都要有一定的位置精度要求，通常要求平面到销孔中心的距离偏差不大于 0.1mm。因此，推拉面和限位面必须经过加工。当工件是以毛坯进行输送或者在开始工位时，工件的导向面和推拉面均未加工，此时应要求毛坯表面规矩平整，另外在输送装置的结构上也要采取措施，如在输送侧导轨上，采用弹性导向装置以保证输送过程中工件不致偏歪过大；增大运送滞后量，并将定位销头部做成锥体，以保证定位销能可靠地插入定位孔中。畸形工件采用抬起式或托盘式输送装置时，应尽可能使输送限位面与工件定位基准一致。选取时夹紧部位应保证工件夹紧过程中不变形、不偏移。

3. 粗精加工分开，先粗后精

同一表面的粗精加工最好间隔若干工位，尽可能安排在不同的工段，以避免切削热、振动、残余应力、夹紧力对加工精度的影响。重要表面的粗加工应放在初始部分进行，以便尽早发现废品，及时剔除。

4. 加工时应注意先面后孔原则

先加工平面，后加工孔；先加工定位基面，后加工其他表面。

5. 工序适当集中和合理分散

工序集中减少了工件输送、定位夹紧和装卸次数，因此简化了系统结构，减少了完成这些动作的机构，提高了工件型面间相互位置的弹度，但过分集中则会对工位上的加工设备增加过多限制，降低设备的通用性，也会使结构和控制系统过分复杂，刀具调整和更换过于困难，从而造成故障增多、维修困难、停车时间长、利用率降低等不利后果。因此，工序适当集中才有好处。有时工序集中不如工序分散合理，有时甚至非采用工序分散不可，如钻小孔和攻丝，不宜与其他工序集中，往往需要单独安排一个工位并尽可能放在最后加工，以利于冷却润滑和处理切屑。工序分解还可减小循环时间、提高生产率、平衡工序节拍、提高加工质量。一般工时过长的工序常分散在几个工位顺次完成。

6. 工序单一化原则

常见的自动线多由通用设备或者稍加改装的通用设备组成，这些设备的工序往往单一。另外，在一个工位上进行多种工序时，相应的主轴箱传动过于复杂，调整、更换刀具也不便，因此一个工位上尽量要进行一种工序。

7. 力求减少转位次数

转位次数增加会使结构和控制系统复杂化。

8. 切削用量和工作参数的选择

自动机器系统的切削用量和工作参数是保证加工质量和生产效率的重要因素，也是设计机器系统时计算切削力、功率、切削时间、拟定传动系统的重要参数和依据，它们过大、过小都是不利的。

9. 采用新技术

采用新技术的效果非常显著，如老式白炽灯灯丝的绕制，要由芯线（棒）的移动和夹钨丝的夹头绕芯线转动实现绕制，然后经退火，切断、酸蚀芯线，得到灯丝，而经过改进的方法是将芯线变成绕丝机上的一根芯轴，钨丝在上面绕到一定长度后进行切断，再退出芯轴，获得无芯线灯丝，它的进一步发展是采用双滚轮夹持灯丝，钨丝在其行进中通过金刚石制成的球面凹模内被连续弯曲成形，这就大大降低了工艺时间，简化了设备。

（三）机构及机构运动规律的选择

机械原理和机构学中已讨论了多种常用机构，这些机构在工业自动化设备中已经得到了广泛应用。设计人员在设计新机器时，机构及机构运动规律的选择首先要从工艺过程提出的动作要求出发，既要注意运动的形式（直动、转动、连续、间歇、步进等），又要注意运动过程中的速度、加速度变化要求。运动过程中要近似等速以保证表面质量，筛分运动的加速度应保证能分离颗粒不同的物料；用于自动插装的元器件的引线，搪锡后不应带有垂直或倾斜于插装方向的毛刺，因此搪锡动作应严格沿着引线方向等。

此外，还需要注意如下几方面。

第一，凸轮机构有很多优点，如可以通过相应的凸轮轮廓曲线实现从动件任意的运动规律，易于协调自动机械中各机构的运动规律，可以设计出尺寸较小的机构。但高精度凸轮的制造、调整要求较高，轮廓磨损后影响从动件运动规律。连杆机构承载能力高，制造、安装容易、动转精度高、平稳可靠，要求无停留运动规律时应尽量采用，但其要想准确地实现预期运动规律在设计上较为困难。

第二，不同类型的机构行程速比系数（从动件空回行程与工作行程的平均速度之比）应用范围不同。曲柄滑块及铰链四杆机构为 0.8 ～ 1.2，曲柄导杆为

0.6～1.7，凸轮为小于 0.6 或大于 1.7，为了减少空程时间，往往需用较大的行程速比系数。

第三，单一的基本机构无法满足对执行机构的多方面要求时，人们可以采用由几种基本机构组合而成的组合机构，也可采用基本机构，电、液、气等执行机构组合实现，后者在自动化单机和生产线中普遍应用。

第四，完成同样的运动要求应该采用构件数目和运动副数目最小的机构，以利简化结构、减轻重量、提高精度和刚度。

第五，尽量缩小机构尺寸。

第六，运动副中的间隙影响机构运动精度和传动刚度，对处于伺服系统闭环内前向通路上和闭环内反馈回路的间隙，还影响伺服系统的稳定性。因此，减小间隙是运动副设计中必须考虑的问题。

第七，由于机构克服阻力做功，所以要尽可能增大传动角。机构中应避免虚约束。高速机构要考虑动平衡问题。

五、关于总体布局

（一）工件传送系统设置在机床之间

工件传送系统设置在机床之间，这时连线机床横向排列，传送系统贯穿于全部机床。采用这种布局形式时，上下料装置及传送装置结构简单，装卸工件辅助时间短，自动线占地面积较小，但料道短，贮料有限，适用于外形简单短小的轴类、盘环类工件。这种自动线多采用多刀卡盘车床，工件常用重力滚送，工件提升装置设置在机床之间。这种布局的自动线无论调整、操作还是看管都很方便。

（二）工件传送系统设置在机床上方

连线机床横向排列或纵向排列，输送机械手悬挂在机床上方，不仅可以完成机床间的工件传送，还能完成机床的上下料。各机械手间距与机床间距一致，刚性连接，同步行走。这种布局结构简单，用于生产节拍时间较长、各工序工作循环时间较均衡的工件的加工。

除此之外，还有另一种方式是在机床上空通过输送料道强迫输送工件或用固定的悬挂式机构传送工件，该方式可通过链条传送装置使工件横向输送，或者通过油缸推料及拨料机构使工件纵向输送，连线机床一般采取纵向排列。这种布局紧凑，调整、操作、看管很方便，占地面积也较小，但悬挂式传送装置调整方便性稍差。

（三）工件传送系统设置在机床的外侧

连线机床纵向排列时传送装置设置在机床的前方。为了便于调整操作机床，可将输送装置截断。这种布局的自动线有串联与并联两种方式。环型自动线可以直接输送工件，亦可借助随行夹具间接输送。环型布局首尾相接封闭，直接输送时，装卸料安排在一个工位，可以减少操作工人；间接输送时，不需随行夹具返回装置。汽缸盖加工自动线采用随行夹具输送，随行夹具由环型输送托架推动，设在装卸工位前方的自动装卸料机构将加工好的工件从随行夹具上卸下，放到卸料滚道上，再从左边滚道上抓取一个待加工的工件装到刚卸料的随行夹具上。

还有一种输送轨道呈椭圆形的封闭式自动线。这种自动线广泛用于自动装配，装配部件的基件由随行夹具输送，随行夹具则自由放在连续运转的链式（或带式）输送装置上，靠摩擦力由链式输送装置带动，因此其又称为自由输送系统。这种自动线的每一个工位前都有限位机构挡住随行夹具直到工位所规定的工序完成，工位空出，待装配部件送到后才能送到该工位。采用这种输送方法时，各工位的工作循环节拍可不同，自动线各设备之间动作不要互锁，因而简化了控制系统，增加了自动线的柔性，提高了生产率。我国引进的 Key-Box 装配线基本采用这种结构对印制电路板进行装配加工。该线既含有几个手工装配工位，又含有几个自动装配工位，采用可编程控制器控制，线体两侧布置链式自由输送装置，托板（随行夹具）由链条自由输送，线体首尾两处布置有横向传递气缸，把托板从一侧的输送链条传递到另一侧的输送链条上。

六、自动线的连接方式

自动线的连接方式有两种分类方法，一种是分为刚性连接和柔性连接，另一种是分为串联连接和并联连接。刚性连接的自动线一般不设中间料库，工件传送装置把连线的各类工作站辅助装置联成一体，按照统一的循环时间进行工作。自动线的这种连接方式，常用于各工序节拍大致相同、工序又较少的短自动线。刚性连接自动线的控制系统和工件传送系统较简单，占地面积小，但要求自动线中的工作站、传送装置及其他辅助设备应有较高的可靠性，因为一旦连线装置有一个故障，就可能引起全线停车。金属切削用的刚性连接自动线一般选择较低的切削用量以提高刀具的耐用度，减少因换刀次数多而造成的全线停车。柔性连接自动线中设有中间料库，根据需要，中间贮料装置可设置在工序之间或工段之间。因此，两个中间贮料装置之间实际上就是一条较短的刚性连接自动线，料库与料库之间的所有设备都是独立工作的。设置贮料装置提高了自动线的利用率，减少了自动线的停车时间损失。中间料库的容量一般应能保证自动线连续工作 1 ～ 2h，最少不低于 30min，对中小型工件容量可大些，对大中型工件容量可小些。

柔性连接自动线用于对生产率要求高、节拍不平衡的场合，如加工小型工件（轴、盘、环类）的自动线，其生产率要求较高，工件传送方便，故连线机床通常采用柔性连接。有时，柔性连接仅设置在限制性工序机床的前后，以提高单机利用率。

七、自动线总联系尺寸图的绘制

（一）机床与其他设备之间联系尺寸的确定

为安全及方便维修，一般自动线有关部分的联系尺寸可按如下几个原则选取。

第一，相邻运动部件的间距可小于 250mm 或大于 600mm，如果必须在两者之间选取，一般应设防护装置，以免挤伤人。

第二，需要调整的、不运动的相邻部件间的距离一般取 700mm，如果其中之一是运动部件，这个距离还应加大。

第三，连线设备与车间立柱的间距，不动部件一般可取 300mm，运动部件应取 500mm。

第四，两条自动线的运动部件之间的最小距离为 1200 ～ 2000mm。

第五，采用水平返回随行夹具的自动线，返回滚道的倾斜度一般为 1.5/100 ～ 3.5/100，最低点的高度应比装料基面高 750 ～ 850mm，以不妨碍调整为准。

（二）机床间距的确定

机床的间距与两机床间设置的空工位数有关。设置空工位的目的在于方便看管、调整自动线并能设置一些辅助装置。

（三）输送带步距的确定

输送带步距是指输送带上两棘爪之间的距离。确定步距时，其既要保证机床相互间有足够的间距，又要尽量缩短自动线的长度。一般通用输送带的步距取 350～1700mm。

（四）装料高度

装料高度是指某一重要尺寸至底面的高度，对不同的自动线，它有不同的含义。对组合机床自动线，装料高度指机床固定夹具定位面至机床底面的高度尺寸；对旋转体加工自动线，装料高度则指机床底面至卡盘中心的高度。

装料高度除应考虑自动线的看管、调整、维修、装卸料方便外，还应考虑工件大小、排屑的可能和结构的刚性，一般取 800～1200mm。对较大工件，机床结构刚性较弱时，应取低限。此外，全线各台机床的装料高度应尽可能取得一致，以避免增加提升设备。依靠重力输送的自动线应保证各设备间具有一定的装料高度差。

（五）转位台的联系尺寸

转位台是用来变换工件加工表面的设备。工件在转位过程中，不应碰到前、后工件及输送带的棘爪。同时，转位前后的工件位置应满足转位台两边两段输送带中心在一条直线上的要求，并且一般还要求输送带中心线及机床装料的高度保持不变。

八、自动线的安全防护

自动线中采用安全防护措施可以排除其中会危及人身健康和设备安全的隐患，确保人身安全和设备正常可靠运行，以提高生产率。由于自动线的自动化程度比较高，除一般的装卸工作用手工外，整个生产过程大都是自动进行的。为保证自动生产过程正常进行，可靠的安全防护措施显得甚为重要。对加工环节多、规模大、安装和操作调整时经常需要多人在不同的地点协同工作的自动线，除需要有严格的安全互锁以保证自动线按确定的程序运转以防止事故发生外，在刀具的安装、调整，工件的装夹，冷却液、切屑的处理，电压、液压、气动的动力和润滑系统，工作位置及照明等方面都存在安全防护问题。

常用的安全防护方法很多，就防护装置而言，自动线常用的有固定式、活动式、可调式、隔离式和着色式等防护装置。固定式防护装置是指一旦安装后，就固定在其位置上，不借助工具就不可能打开和拆下的防护装置。当要对某些部分进行调整需要拆下、打开固定防护装置时，应保管好固定防护装置，调整结束后及时安装好固定防护装置。活动式防护装置是指一种可拉动的防护装置，经常利用手动门闩或依靠重力来关闭。可调式防护装置由一些可调元件所组成，可以根据需要，如被加工工件的尺寸、刀具等的变化，将其调整好，固定在一定的位置上。隔离式防护装置是指采用固定的栅栏或一定高度的遮网、围墙等，将危险区域围起来，以防止操作者或其他人员进入的防护装置。着色式防护装置是指在运动部件、电气设备、液压设备和防护装置上涂上各种不同的颜色，以期引起人们的注意。

除采用上述防护措施外，防护还有以下几个要点。

第一，工件夹压的防护要点。工件夹压装置要保证加工系统发生故障或断电时，工件仍保持夹紧状态，以防发生事故，在使用机动操作的工件夹压装置时，人们要注意观测操作动力是否接通和工件是否被夹紧（如采用压力指示器），要使工件在规定的位置上被夹紧。对互锁装置要及时检测，做好维护，如在夹压装置接通动力，工件被夹紧以前不能启动机床的互锁装置；在工件被夹紧后（如在加工过程中），即使再操纵夹压装置也不会再松开工件的互锁装置；在连续加工循环中，前一个工序完成后，下一个输送动作或加工循环才能开启的互锁装置。如果没有使用互锁装置，操作人员则要严格遵守操作规程，以免发生意外。

第二，装卸工位的防护要点。装卸工件时，操作人员很可能会靠近旋转或移动的部件，这时应安装活动式防护装置，以防止操作人员接触旋转或移动部件引起伤害。操作人员装卸工件时，输送装置应停止。操作人员在固定工位上装卸工件时，附近的旋转刀具或其他运动部件也要有防护。

第三，冷却液和切屑的防护要点。使用冷却液的自动线，必须设有足够盛放冷却液和切屑的装置，以保证工作场地不受污染。盛冷却液的箱子的箱盖要盖好，防止落进杂物。循环使用冷却液时要防止过滤器堵塞并定期彻底更换冷却液，以防变质。冷却液和润滑剂混合使用时，应避免引起操作人员皮肤感染。切屑应及时从切削区域安全排除并输送到指定地点。自动线的动力排屑装置，如拖链、刮板排屑装置，要有遮盖装置，防止杂物落入引起输送装置故障或损坏。操作人员操作机床时，要避免接触排屑传动装置。对于飞溅的冷却液和切屑，为使操作者观察方便和保持机床及各种装置的清洁，可设置透明的塑料挡屑板。

第四，润滑系统的防护要点。需要依靠操作者的动作来润滑的润滑点（如手动压杆润滑），在操作时要选好安全的位置。润滑剂添加时要适量，防止过多润滑剂溅落在工作场地引发事故。某些难于避免漏油的地方应设置油液回收装置。

　　第五，其他部件的防护要点。有提升装置（如上下料装置）时，操作人员要对装置的工作原理进行深入了解，以保证操作和调整时的安全。设有平衡装置的设备，如采用动力平衡，则必须有防止机床部件掉落的安全措施；如采用机械配重时，平衡重锤应具有完整的安全防护装置。在有危险性的机构上要装固定的盖子或防护罩。这种装置只有在维修保养时才打开。在机床部件上如有起吊螺孔，在螺孔处要打上标牌，注明螺纹种类、规格。人们在起吊操作前要检查起吊环和起吊螺孔的螺纹是否相符。

　　第六，工作区域的防护要点。有一个好的工作环境是保证操作者和生产过程安全的一个重要因素。工作区域中用于局部照明的灯光要聚焦在工作区域内，切忌有直射或反射刺眼的强光。工作区域噪声过强会使操作人员听力和工作效率降低。在自动线上，每台设备、主控台及一些适当位置处都要设置紧急停止按钮。紧急停止按钮一般为红色蘑菇状，十分醒目。尽管如此，对规模大的自动线特别是自动线长度较长时，操作起来仍然不太方便，为此，在距离较远、看不见或不能快速接近主控时，常在自动线的工作区域设置安全线。一般安全线用金属线或绳索，端部配张紧弹簧、操纵开关和挡铁。在工作区任意位置拉动安全线即可实现紧急停车。安全线可以转弯，为防止过度下垂，可使用带滚轮的托架。在工作区域内，机床或毛坯周围要留有充足的空间，以便于保养和操作调整。周围的地面、走台或梯子踏板等地方都要保持清洁。

　　第七，电气线路防护要点。电气线路防护的主要措施有过电流（短路）保护、过载保护和零压保护。过电流保护常用熔断器或带有过电流保护装置的自动开关。后者可多次动作，并且能够同时起到隔离开关、过电流保护和过载保护等多种作用。过载保护是在动力回路里的启动器后面设置过热继电器，当设备过热时过热继电器动作就能断开启动器。零压保护是用来防止个别设备或整个自动线在停电后恢复送电时自己启动的保护装置，这类保护装置常用通电自锁的继电接触器来实现功能。

第三章 工业自动化的应用

第一节 设计过程的自动化

一、设计过程与计算机辅助设计

（一）从手工设计到计算机辅助设计

20 世纪 50 年代以前，国外机械工业的产品设计长期以来停留在经验设计的水平，大量熟练的技术人员不得不从事烦琐的重复性计算、绘图、编制明细表等工作。当时产品设计的安全裕度大、材料消耗多、周期长。但是，由于新技术、新工艺、新材料的出现，特别是国际市场的竞争，机械产品要求降低成本、提高质量、缩短设计试制周期，因此人们开始注意改进设计技术。

20 世纪 50 年代开始，国外在机电产品设计中就利用模拟计算机和数字计算机来进行结构计算和分析。进入 20 世纪 60 年代后，数字计算机、显像管（CRT）、数控绘图机等设备和编程语言等软件飞速发展，使计算机辅助设计（CAD）技术逐渐成为设计过程自动化中的重要方法。1966 年美国通用汽车公司的研究实验室研制成 DAC-1 型自动设计系统，该系统可用于汽车车身外形及结构的设计工作。后来人们利用 CAD 还可对汽车发动机和传输系统进行有限元素法计算，对狄塞尔引擎的循环过程进行模拟，还能做车身冷却系统、悬挂系统和驾驶系统的设计，并分析整车的噪声水平，同时还能进行汽车模具设计等工作。

20 世纪 70 年代开始，CAD 进一步发展，应用范围更加广泛。例如，在大规模集成电路的 CAD 中已经能利用拓扑学等原理进行电路的布局布线设计，逻辑模拟，直流、瞬态模拟等工作，在汽车的 CAD 中利用专用程序，人们可

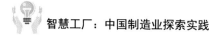

以在设计阶段就对汽车及其拖车在不同路面上进行模拟振动试验和分析计算等工作，大大提高了设计水平。

一般机械设计过程是设计者根据产品的设计要求（目标函数），考虑到必要的计算公式、生产设备、加工方法、制造标准等要求（约束条件）提出产品的结构草图、设想或计算方法（建立模型），然后经过多次反复的分析、评价和综合，得到产品的初步设计（确定模型）。人们再根据初步设计进行制图，在这期间，交叉进行必要的设计修改、验算等工作，以期得到较满意的设计结果。手工设计流程见图 3-1 中的途径 1。

图 3-1 中的途径 2 是利用计算机作辅助计算，它大大提高了计算的速度和精确度。在途径 1、2 进行中，往往有一些关键零部件需要提前做必要的试验分析，如途径 3，以便取得数据作为下一步设计的根据，或需要预先知道某些参数的变化对产品性能的影响程度等。这就要花费企业大量资金和时间，因此发展了第 4 种途径。由于采用了计算机辅助模拟、分析、计算，因此人们就能在产品的设计阶段反复修改参数，比较方案，对产品或关键零部件的性能进行分析，模拟其在实际工况下的应力分布、热平衡等状态，预先发现薄弱环节，改进设计，使产品设计为最佳方案，而不必等到原型机设计制造完成后才得到产品性能的结果，从而提高了设计质量，大大缩短了设计和制造周期。

简化的 CAD 流程见图 3-2。由图我们可以看出，在设计过程中，逻辑判断、科学计算和创造性思维是反复交叉进行的。计算机辅助设计就是利用计算机在逻辑判断、科学计算上的高速度和大容量记忆等特点，与设计人员的创造性互相配合，从而实现设计过程中某些环节的自动化。

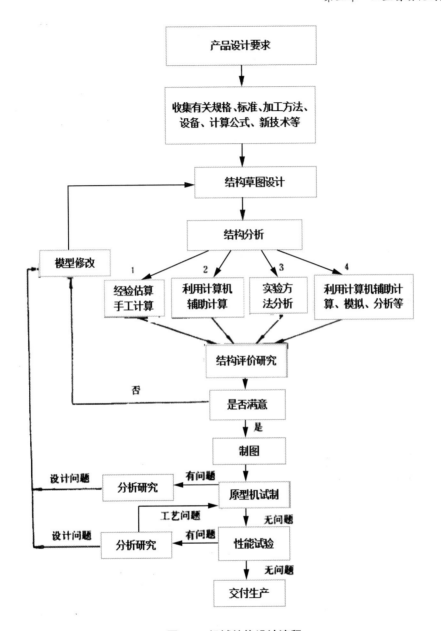

图 3-1　机械结构设计流程

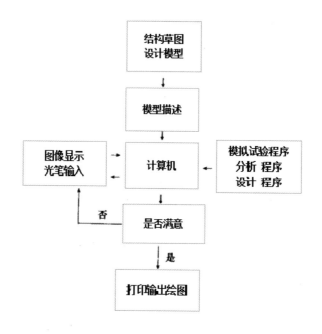

图 3-2　CAD 流程简图

（二）CAD 的几种分析和综合方法

由前述可知，建立数学模型或对工程问题进行数字描述是 CAD 的主要任务之一。例如，设计电动机时，首先要确定一组决定该产品主要结构的参数（x_1，……，x_n）作为设计变量，再引入各项国家标准、材料特性、工艺条件、用户特殊要求等作为约束条件，如起动电流、最小转矩、转子外径、电流密度等参数分别用具体限值 k_1，……，k_i 来表示。约束条件一般表现为 $h_i \leqslant k_i$ 的形式。h_i 为各参数的实际值。

设计中的目标函数可能是某一项关键性能或生产总成本，或者是节省关键材料等。如果以电动机制造总成本 M 为最低目标函数，则电机所用的硅钢片、铜线、铸件、工模具制造费用，还有加工费用、管理费用等的总和 M 为各设计变量的函数，即

$$f(M) = f(C_1 \times 1 + C_2 \times 2 + \cdots\cdots + C_n \times n)$$

式中，C_1，……，C_n 为各项费用的单价。

机械工程中的数学模型繁简不一，一般常用的分析和综合方法如下。

1. 解析法

一些简单的机械零件，如螺钉、连杆、平板、横臂等，可以采用解析法来分析。解析法建立在弹性力学和材料力学的基础上，适用于分析一些未知数较少、计算较简单的零件和结构。

2. 有限差分法

机电产品设计中需要分析的问题大多属于物理场的范畴，因此可以利用有限差分的原理来分析这些场，如应力场、温度场等，把描述这些场的偏微分方程加以离散化，变为近似的差分方程，即联立的线性方程，这样就可以用算术方法来求解，采用计算机来做这些工作是很合适的。但是，对于复杂的构件，由于受解题精度的限制，有限差分法往往不能满足要求，因此发展了有限元法。

3. 有限元法

有限元法最早是为了分析静态结构而发展起来的，但现在已远远超出这个范围。这个方法直接从分析问题的物理模型出发，根据变分原理等理论，在设计模型上任意划分网络节点，提出线性假设，直接加以离散化，然后列出数学式求解。这种分析法用来解决一些复杂的问题十分方便，如飞机、船体、汽车等交通工具外形（曲面）的分析计算和电路（集中或分布参数）的设计。这个方法省去了建立微分方程式的困难过程，而大量的数学式求解工作正好发挥计算机的特长来完成。对于复杂问题，有限元法能取得精度较高的求解，因此得到广泛采用，其在应用中又有很多新的发展。

4. 模拟法

工程中时变系统的分析通常采用模拟法。选择计算机所用的可控变量对应于所分析系统的状态变量，模拟的速度可以比实时高（如对飞机起飞的模拟），也可以比实时低（如对电子逻辑电路的瞬态分析）。通过模拟可以得到各种统计值，如极大值或极小值等，这些在产品实物模拟中是要耗费大量资金和时间的。数字模拟在 CAD 中的应用使设计工作发生了质的飞跃。

5. 优化法

所谓优化是人们用程序控制来选择各设计参数，在满足规定的约束条件下，自动地计算各种可能的设计结果以取得最优方案，即使目标函数为最优。最优化应用中主要有三种方法：穷举法、线性规划法、非线性规划法等。但在实际工程问题中，非线性的设计参数和非线性的约束条件往往使最优化过程或精度受到影响，是难度较大的问题，现在有关学者正在研究较好的解决方法。

二、CAD 的主要类型与应用

（一）主要类型

CAD 系统的形式很多，按功能一般可分为检索型、试行型和会话型三种，其中试行型已逐渐被会话型所取代。当前，国外应用的 CAD 已由初期的检索型发展到现在较普遍采用的会话型。

1. 检索型 CAD

检索型 CAD 适用于标准系列产品的设计工作，如电机、变压器、汽轮机等。人们将这些产品的标准部件、零件、装配图等转换成代码存入计算机，并且本来应注明尺寸的零件图也可不注尺寸就存入计算机。设计人员根据订货规格，检索选用各种标准零部件，对某些关键零部件，人们通过计算机进行必要的应力、热平衡或电磁等核算后，将其计算结果打印在注有尺寸的标准图上，或通过数控绘图机制图，或用缩微胶片照相等。这种系统专用性较强，不适用于新产品的设计工作，修改数据较慢，但设备较省。

2. 会话型 CAD

会话型 CAD 采用光笔、图形显示装置、感应板等硬设备。通过这些硬件和软件，人们可以将设计图形在显示屏幕上按比例放大、缩小、位移、旋转、拼装，也可以通过光笔直接在屏幕上修改设计，这样就可以方便地实现图 3-1 所示的修改设计循环，直到得到满意的结果为止，这种 CAD 方式适用于新产品设计和修改过程。根据产品和要求的不同，CAD 系统的组成也各有不同，典型的结构方块图如图 3-3 所示。

图中各项设备按系统的功能不同而有不同的选择。例如，对汽车设计而言，其往往装备 IBM370/158 型计算机（包括纸带、磁带等外部设备），IBM2200 1 型图形显示装置，Cal Comp563 型 76.2cm 增量式绘图机，Gerber 575 型 16m×5m 自动绘图机，DEA Alpha 型三坐标纸带控制测量仪，D-mac 型 4m×3m 绘图测量机等硬件设备。

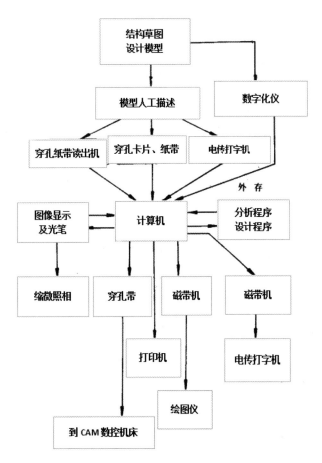

图 3-3　CAD 系统结构方块图

　　人们利用这套设备可以进行车身及车身模设计，可以模拟分析车辆的安全性能，还可以用其设计汽车用模具，如各种落料模、冲孔模、成形模、修边模等。设计人员将落料形状、冲孔位置、材料厚度、条料的安排、冲压形式等用穿孔带输入计算机，计算机按程序计算模具的零件尺寸、选择材料、计算压力、确定弹簧，在屏幕上可以显示设计模具图的任何部位，设计人员用光笔校验和修改设计，达到满意时即可输出所绘图形，并打印出全部材料清单。

　　对某些产品设计可以采用中小型计算机。例如，在中大规模集成电路、微型处理器等设计中，用一台小型计算机就能构成一个 CAD 系统，可以在 28mm^2 的芯片上设计有 2000 个三极管的随机逻辑电路和 1500 位的只读存储器（ROM）等。

　　设计工作已由过去传统的经验设计逐步走向 CAD，而且使原来计算机仅仅是辅助计算的功能大大扩大，还出现了许多新方法、新软件，使人们在设计阶段就可以进行模拟试验和产品性能的分析与评价工作，使设计工作发生了质的飞跃，实现了设计过程的某些自动化，并向优化设计前进。在 CAD 过程中，人的作用是进行创造性的构思设计、做好 CAD 的准备工作和保证设计方案为最优等。另一个值得注意的是，CAD 并非最终目标，CAD 还可输出相关数据信息，直接供数控机床加工使用，与下一步的 CAM 连接起来，实现 CAD/CAM 设计制造一体化，为车间或工厂范围的全盘自动化创造了条件。美国通用汽车公司用于模具 CAD/CAM 的 INCA 系统就是一个设计制造一体化系统。INCA 系统包括：IBM360/67 型计算机（字节 8 位，带 ISS 分时系统，操作系统及外围设备）、图形设计控制台、两坐标数字化仪、数控绘图机（CNC 控制）、三坐标测量机、三坐标和五坐标数控铣床等。

（二）CAD 系统的应用举例

各种仪表、调节器、电机、变压器、开关、汽轮机、集成电路等产品需要量很大，设计的工作量也很大。有些产品的系列化、标准化、通用化程度较高，采用检索型的 CAD 后，设计周期可大大缩短，效果很显著。在需要优化设计的过程中人们往往采用人机会话型的交互式 CAD。

电动机的 CAD 和优化方法有各种方案，下面仅举一例加以说明。设计一台性能优良的感应电动机，要求满载时效率高，功率因数好，功率 / 重量比大；起动电流低，但起动转矩要足够高；速度调节性能好，同时又要耗料少，成本低。要满足这些要求不是一件轻而易举的事，人工计算很难得到满意的结果，但采用计算机辅助设计和优化步骤就能得出较理想的方案。

初步设计是人们根据订货的规格、性能要求等做出的初步方案。人们经过参数计算分析可得到满足最低要求的真实设计，然后通过优化设计得到满足最高优值的最佳设计。设计过程中要进行必要的反复验算和修改。感应电机的规格、性能等要求是订货时确定的，其包括功率、频率、电压、转速、最大起动电流、最小起动转矩、最大滑差率、满载时的功率因数、环境温度要求、外形尺寸、转子轴径、最大铁心长度、最大转子直径等要求，有时多达数十个参数。因此，人们要计算确定电机的转子槽数及其深度和宽度、定子槽数及其深度和宽度、气隙尺寸、定子绕组形式、线圈尺寸、导线直径、圈数、铁心尺寸等数十个参数和上百个设计尺寸。

设计时设计人员要根据用户提出的对某些性能的要求，综合考虑某几个参数必须达到的水平，确定本电机的优值因素 G（要最大值）。

$$G = 1 + \frac{\sum_{n=1}^{m} wn [1 + fn(x)]}{\sum_{n=1}^{m} wn}$$

设计者根据任务要求和各优值因数间的关系选定不同的 W。设计目标是使 $f(x)$ 为最小，以便得到最大的 G 值，一般 G 值从几到几十不等。

显然，G 值是各需要性能临界数值的交点，在选定不同的 W 值时，将得到不同的结果，这些工作的计算的工作量是很大的，计算中还需要修改参数，因此采用会话型 CAD 较为合适。一个有丰富经验且具有设计技巧的设计者可以比较有把握地选定合适的 W 值。

第二节　加工与装配过程的自动化

一、单机自动化的应用与发展

（一）数控机床中的微型计算机

各种加工机械是机械制造企业的基本生产手段和组成单元，它们在国民经济中占有重要的地位，因此各国十分注意发展单台加工机械设备的自动化，出现了许多自动化的机床和设备。例如，为了适应大批量生产，一些通用、专用的机床，如车床、磨床、铣床等大都可以实现自动循环，减少了繁杂的操作，提高了生产率。又如为了缩短上下料时间、减轻沉重的体力劳动和保证安全，在一些生产设备（如车床、冲床、锻压等设备）上采用专用或通用机械手来自动抓取工件、材料等。除此之外，为了提高机床加工精度，在一些设备（如镗床、磨床等设备）上安装了自动检测和自动补偿等装置。为了满足生产批量和精度要求，并为减少工件在不同工序的机床设备间搬运和夹紧定位所造成的时间与精度损失，出现了多工位的组合机床。

第二次世界大战后，随着工业的发展，制造商对外形复杂工件的中小批量多品种生产的自动化问题提出了迫切需求。为此，美国于 1952 年研制成功了三坐标立式数控铣床，这种数控机床不依靠模拟量而是用代码化的数字量来控制机床，控制系统按照事先编好的程序自动控制机床各部分的运动，如工作台、刀架、动力头、换刀机械手、夹紧机构的行程和速度等，现在有些机床还能控制选刀、换刀、测量、润滑、冷却等动作。数控机床是机床机构、液压、气动、电动、电子技术、计算技术等各方面综合发展的成果，也是单机自动化方面的一个重大进展。

20世纪50年代至今，数控（简称NC）机床的控制装置经历过许多改进。人们通常把应用电子管制成的NC装置称为第一代，而用微型机或微处理器控制的NC装置称为第五代（MNC），目前它逐渐取代了原来采用小型计算机作为数控装置（CNC）的形式。例如，日本富士通法那克公司的FANUC5～7系列，美国G.E.公司的1050系列等。这种MNC与CNC系统相比，可以提高系统调速精度，精度能够达到0.1%；提高了进给速度，进结速度为12～15m/min。在使用中程序一次输入，加工时不必用光电机逐点读出，修改程序方便，更重要的是体积大大缩小，价格比CNC便宜（约为CNC的40%），而且硬件接点少，可靠性高，因此被广泛用作各种机床的控制装置。由数控铣床衍生出了数控镗床、车床、磨床、钻床等设备。20世纪50年代末，人们又研制成功数控加工中心，机床的自动化水平又迈进了一步，加工中心可以完成铣、钻、镗等工序，装有一个容量不等的刀库（最多200把刀），通过不同的认址方式（如固定认址、软件认址等）选择不同刀具，由机械手自动抓取换刀，这样大大缩短了辅助生产时间，提高了切削效率。其中半导体随机存储器（RAM）和为半导体只读存储器中存有机床的插补程序及间隙、刀具、螺距等的补偿计算程序与自诊断程序等。CPU为中央处理单元，有时人们把微型机的中央处理单元称为MPU。由于大规模集成电路及微型机的成本降低，因此在一些数控机床中，为加快运算速度，提高可靠性等，常采用多个微处理器分别担任不同的任务。

（二）机械加工设备的自动化

1.柔性化

在多品种中小批量生产中，为了提高生产率，人们希望通过灵活地调整机械部分来适应不同零件的加工要求，这就要求机械设备具有一定的柔性。从某种意义上说，六角车床、组合机床、加工中心等设备在更换切削刀具和变换切削部位等方面已具有一定程度的柔性。为进一步扩大这种柔性，有厂家生产了一些夹具、主轴箱、刀具等可以根据零件形状和尺寸而更换的机床。国外数控公司生产的具有鼓轮式可换主轴库的多轴加工中心是一个典型例子，这种加工中心有两个鼓轮式的主轴库，各存储四个主轴箱，总轴数可达2376个，工作时旋转鼓轮就可选择不同的主轴箱，调换一次主轴箱平均为6s，定位精度可达5μm，机床的刀具、主轴箱、夹具、工作台的调换速度快，可以大大提高机床的负荷率和生产率。机床柔性的增加也要求控制系统具有相应的柔性控制功能。

带矩阵（插销）板的顺序控制器可用来实现这种柔性控制，顺序控制器（以下简称顺控器）是在继电器控制、无触点逻辑控制的基础上发展起来的一种自动控制装置，它汲取了计算机和程控装置的部分工作原理，能对输入的开关量进行逻辑运算，并能存储预先规定的顺序或条件。顺控器根据运算结果及规定的顺序或条件对控制对象按顺序进行动作控制，并实现计时、计数、定时、跳步等功能。它的特点之一就是它应用了能存储动作顺序（程序）的矩阵板（或插销板）。当更换矩阵板上编排的顺序（或通过插接二极管更改程序）时就可改变顺控器的输出顺序，因此它能根据机械部分动作的调整而改变动作控制的顺序。同时它也可采用可改写的半导体只读存储器（PROM）代替矩阵板，需要改变程序时，用紫外线照射 PROM 就可将原写程序擦去，然后再写入需要的新程序，未来这种结构形式将得到推广应用。

顺控器的品种规格繁多，其结构原理简单、编程方便易学，适用于一般机械产品的控制。

2. 灵巧化

所谓灵巧，其含义很广泛，但一般说来，它至少要求机器应有优良的性能，具有部分判断和决策的功能，即在外界条件发生一定变化时有自我调整和适应的功能。这就要求在机械设备上应配备完善的自动检测系统、自动补偿系统及自我诊断系统等。智能科学和自学习、自适应控制系统方面的技术发展将有助于灵巧化的机器发展。

3. 模块化

模块化是自动化机械设备设计人员努力追求的目标之一，有些国家在这方面已做了不少尝试。例如，日本在分析机床结构时研制了立柱、工作台、主轴、驱动部件、刀库、床身等几种通用零部件，希望通过有限品种的这种标准模块零部件来组成所需要的机床，并使其能按照生产任务的要求，改变模块的组合，成为另外的加工设备。这种性能也是柔性化所需要的。在未来的 CAM 或自动化工厂要求人们能通过软件调动这些模块，并自动组装成所需要的机床。

4. 成组化

成组化指的是将若干标准模块组成一个多工序的加工单元以满足多品种产品中小批量生产的要求。人们也可以按照成组技术的原理，组成多工序的柔性化成组机床。美国公司研制的多轴加工中心就是用若干标准模块按任务需要组成加工单元的一个例子。多轴加工中心可以使加工单元完成铣、车、钻等加工，主轴调换时间为 20s，可用以加工 18 种零部件，具有相当的柔性，全机采用数控形式。成组化对加工单元的概念也有不同的扩展，如有人认为带大容量磁泡存储器的 CNC（或 MNC）机床、上下料机械手（或自动货盘交换机）及自动监控装置等也可构成一个加工单元，这种加工单元是车间 FMS 的基本单元之一。成组化的程度目前还没有明确的分界，这种方法近似于电子器件中的集成化。

二、加工自动线的应用

（一）加工自动线的类型

在机械工业的大批量生产过程中广泛采用各种类型的加工自动线取得了明显的技术经济效果。因此，数十年来各工业发达国家自动线的数量和产量发展都很快。应用自动线可以提高产量、降低产品成本、减轻劳动强度、节约厂房面积、保证产品质量等，因此使用自动线生产可以显著地提高企业的劳动生产率。在应用过程中，根据不同的需要出现了各种类型的自动线，如按工艺来分类，其大致可分为下面三种。

1. 冷加工自动线

冷加工自动线主要由车、铣、刨、磨等冷加工专用和通用机床与组合机床等组成。这类自动线常带有材料和工件的输送、抓取、夹紧等辅助装置，一般按工序顺序排列各加工设备的位置。由于工序多少不同，因此自动线也有长线、短线之分，有的短线仅两三台机床，而长线则有数十台或更多，占地长 100～200m，如电机轴加工自动线、汽缸盖加工自动线、主轴箱体加工自动线等。自动线一般按照事先规定的动作程序自动进行加工，因此通常采用继电器控制装置、无触点程序控制装置或顺序控制器等。

随着零部件精度、质量要求的提高，自动线需要在加工过程中能自动测量加工部位的各种参数（如几何尺寸、质量参数等），因此其上应用了各种在线自动检测系统或自动补偿调整系统。某些长线往往在集中控制室里安装模拟式信号显示屏，以随时向值班人员自动显示各设备工况，或报警、预报警等，以便管理控制和维护。在切削塑性材料的工件时，机床需要将切屑自动切断并加以清理，这对于高速、大功率的机床尤其重要，如不及时处理，切屑可能缠在刀具或工件上造成刀具、机床、工件损坏，使自动线不能正常运转，甚至影响安全。为此，人们研发了各种自动断屑和排屑的设备，如液压震动断屑装置，皮带式、刮板式、磁力式自动排屑装置等。

2. 热加工自动线

在铸造、锻压、热处理、焊接等热加工方面有大量零件可以采用自动线进行加工，由于它们的加工过程各异，因此各有特点。一般热加工过程的劳动条件较差，因此迫切需要发展自动化生产。

（1）铸造

在大中型铸件的造型过程中多采用高压多触头造型自动线，在中小型铸件造型过程中采用微震压实造型线，在小型铸件造型过程中常采用无箱挤压造型线，它们对自动化也有不同的要求。铸造车间的配砂、火炉、造型、浇铸、清砂、去毛刺、涂漆等工序可以组成一条完整的自动线，能够用几台顺控器分段进行控制。各种反映行程位置、砂型质量等参数的检测元件是铸造线稳定工作的重要保证。

（2）锻压

锻造加工中有自由锻、精密模锻、特种轧制辊锻等。各国都在优先发展高效能、高精度的锻压，逐步实现锻件的精化，因此研究和发展了各种多工位的自动锻压机。在工程机械、农机、汽车等产品生产中，制造厂采用了多工位自动锻压自动线，这类自动线常由加热炉、锻压机、滚压机等大型锻压设备组成，全线有若干台机械手夹持抓取工件，线中部分单机采用顺控器，全线则采用无触点程控。为监护这些贵重大型设备的工作，自动线采用了在线自动检测系统，随时监控加热炉温度、工件温度、出力吨位、轴承温升、齿轮磨损及主要润滑系统等。当工件在锻压过程中温度不符合要求时，系统能中断程序，命令机械手及辊道机将工件送往加热炉重新加热。在新的设备上，自动控制系统由微型计算机组成，并配合 PROM、ROM 等进行某些必要的运算和程序控制，提高了功能和效率。

（3）热处理

热处理工艺过程较复杂，实现自动化的难度也较大。无罐渗碳淬火、离子氮化、渗硼、可控气氛和真空热处理等工艺将继续得到应用和发展。

在热处理过程中常采用顺控器或可编顺控器进行工艺过程的动作顺序控制，在炉温调节等方面也应用了比例—积分—微分调节器（PID）、极值调节器等。

在单台可控气氛热处理设备中，吸热式气氛在用于渗碳和碳氮共渗时，主要控制碳势，以保证渗层的碳浓度和梯度。在工业中常用单参量控制，如露点、CO_2、O_2 等；也可用多参量控制，如 CO_2 和温度等。在齿轮、轴等大批量生产的零件进行气体渗碳时可采用自动线方式。这类自动线包括渗碳炉、清洗机，一般采用带步选器的程序控制。为提高质量，此类自助线也应用了计算机控制系统，对线上温度、气体流量等参数进行监控，实现多参数的控制。

中频淬火自动线可用于柴油机曲轴类零件的热处理，汽车板簧热处理也采用带机械手的自动线，这些线大都是继电器或带步进选线器的程控电路。

（4）焊接

在汽车、船舶、电站锅炉、矿山机械等工业产品中，焊接工艺应用十分普遍，在锅炉蛇形管、汽车轮毂、阀门等部件生产中一般采用焊接自动线。其通常应用插销板来编排工作程序，或利用继电器电位器阵列板（即用电位器等排成阵列，对被控参数进行无级调节）来变换焊接电流、焊接速度和送丝速度等。国外汽车生产过程中在焊接线上大量应用了焊接机器人。自动线上的多台焊接机则采用计算机群控，或用 PLC 来控制，以适应车身焊点多变的要求。近年来，人们开始发展研究自适应控制焊接。当焊接对象（例如板的厚度，管径或焊接方向等）发生变化时，控制系统应能自动调整电流等参数，以保证焊接质量为最佳。焊接自动线常由自动传送装置、专用焊接设备和电控部分组成，如车轮合成自动焊装线、汽车车身装焊线等。

3. 其他工艺

其他工艺包括喷漆、电镀、氧化等，这些工艺的作业环境往往对人体有害，发展应用自动线是十分有必要的。汽车生产中的喷漆自动线、照相机生产中的氧化自动线、电器仪表生产中的电泳自动线等很多都可采用顺控器和微型工业控制器来实现自动控制。这类自动化装置在防尘、防爆、防腐蚀等方面往往有独特的要求，以保证安全。

（二）自动线对自动化的要求

1. 加工设备的动作控制

加工设备包括加工机械、刀具、单机上的专用上下料装置、机械手等，按照工艺要求，它们应完成规定的顺序动作。在一般情况下，其用行程开关、微动开关、各种传感器作为发信元件，信号经过隔离、放大、逻辑运算后再经功放输出给执行机构。通常在单机或有些自动线上可以采用一台或多台顺控器作为动作顺序控制器。条件步进型的 KSJ-220 型顺控器输入点数可达 60，输出点数为 40，程序步数为 40。大型且动作复杂的自动线也可采用多功能组合型的 KSJ-430，其输入点数为 192，输出点数为 128，程序步数为 100。为适应机床及自动线动作程序变化的需要，可采用可编顺控器。可编顺控器是由小型计算机演变而来的，其中央运算单元采用微处理器单元 MPU，存储器采用 ROM、RAM、PROM 等。其典型的规格是输入输出点数为 256 ～ 512 个，程序存储器的容量常采用 1 ～ 4K，大型的可扩至 16K，在一般使用中采用 8 位或 16 位字长，指令在 8 ～ 16 条左右。可编顺控器可以完成基本的逻辑运算、定时、计数，具有停电记忆功能，可用来实现巡回检测、动作顺控、输出调节等。它的可编程能力强、应用较灵活，可以适应机械部分柔性化的要求，但成本比继电器系统、顺控器等略高。

2. 辅助设备的动作控制

辅助设备包括材料和工件的运输装置、抓取传送装置、随行夹具的返回装置、排屑运输装置、润滑系统、冷却系统及中间缓冲储料装置等。按照规定的顺序，控制系统应自动控制这些设备进行工作。单机上应有断屑排屑装置，而在全线应有排屑运输装置。如果人们忽视这些辅助装置，就会导致自动线工作效率降低，甚至影响正常运转。人们往往在单机上采用刮板式、螺旋式或提升式排屑装置将切屑送到公共的运输线上，分段或全线将切屑运输到终端，由小车等运走。有些自动线采用了切屑清理和油水分离等装置，以保证装配精度和回收贵重的切削油。

3. 自动检测和故障的自动寻检

大型自动线拥有上百台各种机械加工和辅助设备，为保证加工质量和可靠工作，在加工过程中往往需要各种在线自动检测、自动补偿及故障自动寻检等装置。自动检测也是自动寻检的基础之一，其在自动线中对一些关键的设备和部件，如关键的行程开关、刀具、冷却润滑系统、轴承、电控装置、电源等需重点予以检查，并通过各种信号自动判断故障的部位。

三、装配过程的自动化

（一）自动装配机、装配机器人

机械产品的装配过程包括大量的装配动作，人工操作时看来容易实现，但如应用机械化、自动化来代替手工操作，则机械和自动化设备要求具备高度准确和可靠的性能。因此，在我国机械工业中，自动装配可从生产批量大、装配工艺过程简单、动作频繁或耗费体力大的零部件装配开始应用，在经济合理的情况下实现自动装配。在一些大批量生产的产品装配过程中可以发展各种自动装配机，配合部分机械化的流水线和辅助设备实现局部自动化。在条件具备、经济合理的情况下，可采用自动装配线。

国内的自动装配机有直进型、回转型等形式，根据工序繁简不同，有单工位、多工位的结构。例如，汽车水箱散热器采用了直进型自动装配机，轴承滚动体采用单工位的自动分选机，微调电容器采用了直进型同步传送的自动装配机等。自动装配机配合部分手工操作和机械辅助设备可以完成某些装配工艺的要求。但是，在生产批量相当大，又要求装配工作相当准确精细的场合，如小型、微型轴承的装配，手表装配，印刷电路板装配，发动机点火栓装配等场合，既要求装配机有一定的准确和精密性，还对装配力的大小有一定要求，或对供应的零件、元件等有一定的识别能力。

在仪器仪表、汽车、电机电器、手表、电子元件等产品生产中有大量这类装配工作，因此国外除应用自动装配机外，还发展了装配机器人。作为商品出售的装配机器人，品种规格繁多，从结构上大致可分成四种：水平多关节型、圆坐标型、直角坐标型、垂直多关节型。装配机器人有广阔的发展前景，机电产品中的装配工作（大批量多品种或中小批量）要求发展灵巧的，带有一定智能及感觉的装配机器人、微型机，检测技术、智能科学等方面的进步已经使这种设想逐步变成现实。

（二）装配自动线

相对加工过程自动化而言，装配自动化在我国发展较晚，20世纪50年代末我国开始在轴承、电机电器、仪器仪表、手表等产品的生产过程中采用自动或半自动的装配自动线。例如，基本实现了零件自动分选、供应、装配、运送自动化的球轴承自动装配线；交流接触器铁芯的自动装配线；发动机曲轴半自动平衡生产线（上下料为手工操作）等。这类生产线虽然已经运行，但大都集中在上述少数行业中，而且和前面的加工自动线是不衔接的。另外，线上缺乏多种检测元件，大多依靠离线测试。

球轴承装配自动线是一条自动化程度较高，应用效果较好的自动线。制成的钢球被送入分选机，按 $2\mu m$ 的等级分选成20组，然后分别送入储料柜保存。外环和内环送入自动选配机后，自动选配机用电感传感器分别测得其内外直径 D_1 和 D_2（模拟电压值），并送入差接自整角机相减，相减的结果即自整角机转子相应旋转的角度。转子带动选球机构打开相应直径的钢球储料柜活门，把规定数量的钢球送到自动装配机上。多工位自动装配机将钢球装入轴承环，再加上、下保持器，分球均匀后自动铆装，然后送出到清洗机。

自动线上所用各单机的自动化程度较高，全线用气压传动，主要用继电器进行控制。这类装配线大大提高了劳动生产率，减轻了工人繁重的劳动负担。装配自动化的发展使这种自动线与自动化（立体）仓库及后一工序的检验试验自动线逐步连接在一起，因此现在开始出现所谓装配和试验自动线，用以同时改进产品质量和提高工效。

第三节　检验试验过程的自动化

一、机械工业中机械量的自动检测

在单机自动化、自动线、装配、适应控制等过程中，为了保证产品质量、提高精度、安全保护，这些过程中均需要应用自动检测技术。自动检测系统是各种自动化系统的重要组成部分，相当于自动化系统的耳、目等感觉器官。自动检测系统由各种自动检测元件、放大器、转换器、传送器、显示记录装置等构成。在有些系统中，其还包括采样、编码等环节，能将测得的参数转换成所需要的代码，然后输出。自动检测元件有时也统称为敏感元件、传感器、检测仪表等，主要用以感受被测参数的变化，将感受到的参数信号转换成便于放大、测量、显示、控制的量。例如，在锻压中机架应力的变化可用电阻应变片转换成电阻值的变化，然后用相应变化的电压形式输出。

（一）放大、转换器

在一般情况下检测量常需要加以放大，为达到这一目的可采用各种前置放大器、电荷放大器等。在将相关信号输送给数控机床或数显装置时需要将模拟检测量转换成数字形式，这可用各种模 / 数转换器（A/D）或数 / 模转换器（D/A）来完成。

（二）传送装置

将检测量或数字量传送到显示控制、调节、计算等部分时可采用各种传送装置，近距离的往往采用一般导线、屏蔽导线、补偿导线、导压管、光导纤维等，数字量则采用数字传送设备。

（三）检测的内容

被检测的量需要用模拟或数字形式加以显示或记录，常用的显示方式有指针指示、数字显示等，一般通过指示仪表、液晶数显、发光二极管数显、CRT显示自动记录仪表等设备显示。上述各环节中的自动检测元件可直接影响到测量的精度，是自动检测系统中的重要环节。人们要应用检测系统对机械工业的生产过程进行必要的质量监视，其检测的主要内容如下。

第一，原材料、毛坯、零部件等的性能，外形尺寸，特征检测。在加工或装配之前相关设备需对这些材料、零件等进行必要的检测和辨识，不符合规定要求的应予显示或自动剔除。检测装置检测的内容可能有含量、外形、尺寸、重量等。

第二，工位状况检测。材料或坯件到达工位，准备加工或装配前，检测装置应对工件是否已准确定位和夹紧，工作台、刀具、夹具、辅助系统（液压、润滑、冷却等系统）、装配工具等是否都处于正常位置进行检测。其检测的内容可能有位置、夹紧力、力矩等。

第三，加工及装配过程检测。这可分为"在线"和"离线"两种。在加工或装配过程中对工件的尺寸、形位公差、外形等进行连续或间断的检测，输出信息供调节补偿、减小误差或作显示和报警之用，其被称为在线的自动检测；在加工或装配完成后，不在线的检测称为离线的自动检测。加工装配后在专用的自动检测机上进行的检测一般作为下工序的前馈自动检测，有时也起减小误差、提高质量的作用，如曲轴称重去重自动线在加工完后的称重过程中能自动去重消除不平衡因素，这仍然称为在线自动检测。此时，检测装置检测的内容可能有位置、几何尺寸、称重、外形、数量、力矩和震动等。

第四，设备工作状况检测。在加工装配过程中，要对加工设备中的一些关键部位进行监视和自动检测，以确保加工质量和安全。例如，机床的主轴扭矩、刀具的磨损、齿轮的润滑、零件的冷却、机架的断裂应力、夹具或工作台的变形等参数都要随时进行测量，并将测量值送至自控系统做必要的调节和控制。在自适应控制中更需要对机床各主要部件的参数进行检测，以防止极限参数出现。设备工况直接影响加工质量和安全，因此应用了各种检验元件。为迅速反映设备工况，其中还应用了各种故障寻检装置、巡回检测装置、自我诊断装置等。

第五，材料、零件传送检测。为减小材料、零件、工夹具等在物流中的空等过程，加强调度、管理、均衡物流系统的负荷，因此检测装置需要对材料、零件等在传送中的状况进行检测。在机械工业中，材料和零件有粉状、分离个体、液体等形式。分离个体中形状大小悬殊，因此需要各种各样的传感器，以反映位面、数量、外形、重量等。这项检测也包括自动化搬运小车（自动小车、自动货盘）的导向检测、自动化仓库堆垛机和叉车的工位检测、悬链运送系统岔道和支线的工况检测、刀具认址的检测等。

第六，产品设备试验自动检测。机电产品种类繁多，试验方法、要求各殊，如对电机需要测量绝缘电阻、功率、温升；对接触器需要测量吸合和释放电压、衔铁气隙和拉力；对汽车需要测试制动力矩、弹簧压力、转向角度等。其是保证产品质量的重要手段之一。

综上所述，机械工业生产过程中需要检测的量包括以下四个方面：其一，在热工量方面有温度、流量、热量、真空度、比热等；其二，在电工量方面有电压、电流、功率、电荷、频率、电阻、阻抗、磁场强度等；其三，在机械量方面有几何尺寸（位移、角度）、速度、加速度、应力、力矩、重量、震动、噪声、平衡、质量参数（光洁度、垂直度、平面度等）、外形、计数等；其四，在成分量方面有气体及液体的各种化学成分含量、浓度、密度、比重等。

机械工业发展，需要人们研制生产各种准确可靠、体小价廉的检测元件，以便按不同的需要组成相应的自动检测系统。

二、自动检测元件

（一）自动检测元件分类

自动检测元件可以采用不同的分类方法：第一，按工作原理分类，如电阻式、压电式、光电式等；第二，按被测参数分类，如测温度、位移、转速、液位等；第三，按显示记录方法分类，如指针式、笔录式等；第四，按作用分类，如工业实用型、科学实验型、检验标准型等。

（二）基本特性与要求

1. 输入输出特性

传感器的输入输出特性包括灵敏度、线性度、滞环和动特性。

① 灵敏度 S。灵敏度为传感器在稳态下输出与输入的比值。

$$S = \frac{Q_o}{Q_i} = \frac{f(Q_i)}{Q_i} = f'(Q_i)$$

当特性是线性时，在量程内 S 为常数；是非线性时，在量程内 S 不是常数。

一般情况下，人们希望灵敏度高一些，并保持为常数。但机械工业的保护检测、位置检测等某些场合时，有时并不要求太高的灵敏度，以免引起超前或过于频繁的不必要的动作。

②线性度 ε。传感器输出量 Q_o 输入量 Q_i 的关系曲线与理想直线偏离的程度称为线性度 ε。

$$\varepsilon = \frac{\left|Q_o - Q_i\right|_{\max}}{Q_{o\max}}$$

线性度 ε 是实测输出 Q_o 与理想输出 Q_i 的最大偏差值与最大输出量 $Q_{o\max}$ 之比。从测量要求来看，人们希望传感器有优良的线性度，对线性度较差的输出，必要时可采取线性化的措施。在小尺寸、位移、厚度、外形等参数检测时，人们要求传感器在工作区有较好的线性度。

③滞环。由于材料性能、制造工艺等原因，当输入增加或减小时，传感器的上升曲线和下降曲线不重合，即特性不一致，形成滞环。滞环包络面积代表了传感器中的能量损失。一般人们都希望尽量减小滞环引起的输出误差，但在某些场合也可利用这个特性来满足特殊的要求，如在机械手上装一压力传感器，当手指夹取工件时，手指缓速运动，以免损坏工件；放松工件时，传感器输出增加，控制液压系统使机械手复原动作加快，以节约时间。

④动特性。传感器工作时，输入量随时间而变化，因此对传感器的分析要采用动特性的分析方法。传感器的结构各异，因此具有不同的传递函数，在阶跃输入或正弦输入时呈现不同的特性，人们要根据具体产品进行分析，分析的方法通常是频率法。与对常规的调节系统的要求一样，人们希望传感器（通常有放大环节、非周期环节、振荡环节等）响应快、失真小、稳定度大、滞后小、死区小等，一般采用调节电路设计参数的方法来达到系统应用的要求。

2. 误差的部分形式

误差的部分形式如下。

①恒值误差：这种误差又称零误差，就是在全量程范围内，实际输出曲线与理论（设计）值相差一个常数。

②灵敏度误差：输出曲线高于理论曲线，误差值不是一个恒值，但斜率不变的误差。

三、计算机辅助测试技术与质量控制系统

（一）试验过程的自动化

机电产品装配完成后，各种性能需要经过必要的检验和试验，这可通过各种检测元件进行检测，然后综合比较，以判断产品质量的优劣、合格或不合格。在大批量生产产品的出厂试验中更需要应用自动化的测试技术。

例如，在小型电动机出厂试验中采用了转台式多工位自动试验机，可以同时进行六个项目的出厂试验，即测绝缘电阻、测各线圈直流电阻、高压试验、起动电流、最大力矩、转速及功率。测试时，由人工将在工位上的电机出线端与试验用电缆线连接夹紧，电机在第一工位的试验节拍完成后，由转台转到下一工位，接在滑动导架上的试验用电缆也自动接到相应的接点上，停妥并确认到位后，就可通电试验。各工位上有相应的测试用仪表、传感器等。测试信号被送往指示仪表和小型计算机，计算机记录各工号电机的试验结果，打印成电动机档案或合格证输出。某项试验不合格的电动机也要打印其工号及试验不合格的项目和数据（红色），并报警，上下活仍由手工完成。在直进式的小型变压器自动试验线上，则可采用自动进入和退出工位。这类试验台通常以试验项目时间最长的为其工作节拍，因此某些需要长时间的试验项目不宜和短时间的试验项目安排在同一个转台上。

这类试验要通过某些检测元件，如各种测电流、电压、电阻、功率、阻抗、温度、力矩等参数的传感器。它们的输出信号需经 A/D 转换器送入计算机（或巡回检测装置等）。由于运算量一般不十分大，容量精度等要求也不高，因此试验中通常采用小型计算机。计算机还可以统计每班试验合格与不合格产品的数量，打印日报表，有的用一台计算机可以同时控制两个转台的试验。

汽车发动机试验采用了计算机辅助测试技术（CAT）。其测试项目有最高最低转速、负荷试验、变荷试验、点火时间调整、加速试验、调速试验、耐久试验、计算效率等。这些试验在分项用人工进行时，既费时费工，又得不到准确可靠的数据，效率低、误差大。现在用一台小型计算机配合 D/A、A/D 转换器和各种传感器组成自动试验控制系统就能做到。系统有开关量输入输出，也可采用数字输入形式。计算机对试验数据进行处理，将结果打印输出。控制系统还采用了一些必要的保护措施，如当试验温度、压力、油门等不正常时能顺序自控停车；当突然停电时，能自动关掉油门进行保护等。在试验室内，汽车

的路面模拟试验方法有很多种，应用比较成功的有转鼓形试验台和多通道路面模拟振动试验等。

汽车转鼓试验台可以进行汽车的转向角测试、行程试验、滑行试验、刹车试验等。当汽车在转鼓上开动时，同时带动鼓轮旋转，这样便可在汽车运行过程中测试各部件的工作情况。试验中采用了各种传感器，如测转向角实际上是测转向角机构的直线位移，这时系统应用电感式位移传感器测此位移量并将其转换成脉冲信号传给位移鉴别器，以鉴别角度的变化，并打印出结果。行程试验中采用光电开关测量转鼓的转速，其输出信号被送入计算器折算成行程数，以便与车速和时间的乘积相比较。试验采用了逻辑控制系统，提高了效率和数据的准确性。多通道路面模拟振动试验系统是一个液压激振器控制系统，它具有 4 个、6 个或 8 个通道（车轮数）。系统由小型计算机（内存为 128K 等）、快速傅里叶变换器、道路模拟器、程序选择器、计数器、液压激振器、液压伺服阀、自动控制系统等组成。试验用路面谱事先录制在磁带上，重放时经过傅里叶变换，以便消除记录波形上加速度传感器的低频部分及磁带噪声的高频部分。

人们在试验室内将每个汽车轮子用激振器顶住并夹紧，按输入路面波形进行振动试验。试验中位移传感器大多用螺管形差动变压器式传感器，振幅最大为 ±200mm，以模拟路面上的凹坑和凸起物等。有需要时在激振台面可以安装加速度传感器，其输出信号经前置电荷放大器后可作显示或作反馈以改善系统动态品质。汽车振动频率在 0.1 ～ 100Hz 内，但由于设计制造的原理和工艺等问题，一般低频部分往往由 1 ～ 2Hz 开始。加速度因车型、路面不同而各异。行程一般为 ±100mm，工程用车则可达 250mm。利用前后轮输入波形的延迟等变化，人们可以模拟汽车转向、爬坡、倾斜、滑行等情况。试验过程的波形分析、数据综合计算等则由计算机来完成。全数字式系统采用数字合成波形作为振动波形输入，以便人工合成需要的路面波形，输入计算机进行试验。在产品试验中，由于数据多、工作量大、精度要求高等原因，因此计算机辅助实验的应用正日益广泛。

（二）质量控制系统

自从人们将计算机引入自动检测和自动试验过程中以后，机械生产的质量控制得到了快速发展，这个难以自动化的领域开始打开了大门。所谓质量控制，其含义是将实际质量测量的结果（即前述采用各种检测和试验的结果）与标准值（给定值、厂标、国家标准或国际标准等）进行比较，并对差值采取措施的调节管理过程。因此，自动检测和试验的作用一方面是进行自我调节补偿，使产品、零件等达到标准要求；另一方面是还要进行综合的质量管理，以便得到全厂的最优经济效果。这项工作主要应用计算机进行，其主要任务是，进行加工、装配过程中各种质量参数的储存积累；压缩、分析数据和编制报告；进行（必要时）实时工序调度控制；参与必要的自动检测和自动试验过程；进行数据的综合、统计工作；检索信息、编辑各种文件等。

此外，计算机还在中央计算机的指令下，为新的检验、试验设备、工序控制等制订计划；或通过计划评审法（PERT）、关键途径法（CPM）等制订工程项目计划，从而大大提高工效。生产过程中的质量控制需要收集大量数据，如加工、装配、毛坯材料出库或到达工位、设备性能参数、修理情况等都要作为基本数据制成穿孔卡片或纸带。计算机根据这些数据和各种专用程序，编辑报告和文件，如当日生产质量报告、故障分析、设备服役状况等，有时还需要输入各工序加工工人的技术等级、修机人员出勤情况等，制成差错一览表上报质量管理部门，如把这个反馈作为各个过程控制中的实时控制指令，则其就成了质量实时控制系统。质量控制中，计算机要统计大量数据，包括中位数、差距、方差、标准差、变差系数、偏离值、相关函数、线性回归、插值等参数的计算，还要绘制各种曲线，因此需要大量的专用程序。

第四节　辅助生产过程的自动化

一、自动传送装置

（一）积放式推杆悬链的自动化

推杆悬挂输送机是机械工厂内加工工位之间、加工与装配自动线之间的一种重要搬运设备。这种设备可以节约大量地面面积，能自动传送工件，也可构成临时中间缓冲存储站，既可用于大批量生产，也可用于多品种产品中小批量生产，刚柔结合，适应范围较广。在这类悬链设备中应用了各种传感器、自动认址装置（或称自动寄送装置）、电控装置等，它们都具有不同的自动化程度。自动认址装置是推杆悬链控制系统的核心部分，一般分为集中控制型、分散控制型和集中分散型三种。在这里我们主要介绍分散控制型，分散控制型（或称带地址器型）的自动认址装置可以按零件工艺要求灵活地改变货钩或承载小车的目的地址，使用方便，并适合多品种中小批量生产方式或零件较多的装配线。

自动认址装置常用的有机械式、机电式、光学式等，在工程机械、农业机械、汽车等生产中，根据各自的要求和特点，它们应用了各种形式的自动认址装置。由于推杆悬链具有提升、搬运、寄存等功能，对建立柔性生产系统或实现柔性装配很有利，并可构成车间内立体空间的连续运输线，因此逐渐受到机械制造企业的重视。在一些大型工厂总装配车间的产品装配过程中常常采用集中分散型积放式推杆悬链系统。这种悬链系统的主链担负着零部件的运输和分配工作，副链则用作传送、堆存（悬挂仓库）和工艺操作等。悬链离地面 6 ～ 10m 不等，总长度从几十米到几百米，甚至有更长的。

推杆悬链的牵引链条与载货小车（或挂钩）之间不是固定连接，而是由牵引链条上的推杆推动小车前进，而小车和牵引链条分别有自己的运行轨道，因此就可方便地完成转线运输和调度生产，使用比较灵活。

电控部分一般包括发信装置（传感元件等）、自动寄送装置、轨道自控装置和逻辑控制装置等。其中，逻辑控制系统负责全线的连锁、控制和保护，并控制轨道自控装置，按工艺要求接通或断开各个机构，实现全线的自动运行。当主链工作时，如监视张紧装置的发信器指示正常，就可以起动副链。一般人们在中央控制室就可控制副链的起停，也可在副链当地控制站控制起停，甚至就地用手工控制。副链上都设有升降段，升降段工作时有一系列的安全保护和连锁信号，如活动段有无小车、活动段是否与输入输出各段分别对齐。升降段下降到一定高度时即停止，改由操作者在当地控制站用点车方式下降到所需要的高度（或工位上）。通常其采用继电器、接触器等作为控制系统，近年来采用了集成电路组成的逻辑控制系统，提高了可靠性。产品的各种零件送到 Ⅰ 号临时上料点后，由升降段提升到链上，分送到 Ⅱ、Ⅲ、Ⅳ、Ⅴ 或 Ⅵ 号装配线。送货小车到达指定地点，由工位上的操作者指挥卸货，并将空车放回，自动回到 Ⅰ 号线。在中央控制室内，人们由中央控制台直接控制主链，并通过当地控制站控制各条副链。全线工况可在控制室内的模拟显示屏上显示。采用这种集中分散控制形式时，其生产运行、调试、维修都很方便。为了确保控制系统稳定和可靠工作，要求选用可靠性较高的传感元件和认址装置等，工业实践表明，这是悬链能否正常运行的关键技术问题。

1. 悬链用传感元件

为检测悬链上载货小车或挂钩的位置，人们常采用有触点的行程开关，这种行程开关的触点寿命短，机械结构的动作距离有一定限制，在悬链上使用时经常出现故障。使用光电开关时，悬链的机械振动、距离误差、车间光电干扰等原因，会使光源寿命短、损坏或产生误动作。应用电磁原理制成的传感器在工业应用中比较稳定可靠，但对接近距离有一定的要求，对制造安装悬链时的精度要求较高。近年来利用干簧管及磁性元件制成的干簧管非接触式传感器显示了良好的性能。

干簧管的触点密封于玻璃管内，用塑料压铸成条状结构，这样，在机械制造工厂多尘埃、潮湿、有各种腐蚀性气体和振动的工作环境中，其能保证可靠的工作和较长的工作寿命（触点寿命在 500 ～ 1000 万次）。为提高可靠性，在重要使用场合，也可将双干簧管并联使用。除此之外，其中的磁元件则由软铁和两小块永久磁铁制成，也用塑料压铸成条形，体积很小。

当磁性元件接近干簧管时，磁铁产生的磁场使干簧管两个触点带不同的极性而相互吸引，触点闭合，接通电路，发出信号。当磁性元件离开干簧管时，触点在弹力作用下断开，电路不通。这种非接触型传感器的接近距离达 20mm，上下左右位差约为 10mm，因此其对安装的要求不高，工作可靠。

2. 自动认址装置

这种装置（或称自动寄送装置）能控制挂钩或载货小车按指定的运输线路运行并到达指定地点。对每一载货小车或挂钩，事先人们要给定一个地址，这个地址被称为编码。采用不同的编码读出方法，如光电、磁性、机电等，就构成了不同的认址装置。其中，磁性自动认址装置是一种性能比较稳定、运行比较可靠的设备，应用较多。

（二）自动运输小车

车间内搬运材料零件的另一重要手段是各种自动运输小车（简称自动小车）。按照现在应用和研制的情况来看，其可分成有轨和无轨两大类。

1. 有轨（或专用轨道）小车

在车间的地面埋设轨道是小车发展初期常用的方法，目前在大型机械零件加工车间及铸造车间等处运送大宗、重型或大型材料零件也仍然采用这个方法。随着小车控制方法改进，轨道有水平、垂直、斜坡等形式，并构成了多层、地下、壁内等轨道网。小车有机械式、电磁式、光电式等，现在应用较多的是光电式和电磁式。光电式自动小车用光电元件检测小车的状态（常速、减速、停车、位置、有无障碍物、前后有无小车等），由程序控制装置按设定地址自动控制各岔道装置，使小车驶达目的地。电磁式自动小车是一种无人驾驶车，它依靠一定频率的电磁波来导向，在生产线上作为柔性环节来实现工件在加工、装配件工位之间的转移工作。

2. 无轨自动小车

在车间地面铺设轨道往往会影响车间面积的利用，而且噪声大，造价高，也影响其他车辆行走和车间保洁等工作，因此人们研制了各种无轨自动小车。无轨小车种类繁多按照路线的形式可分为固定路线型、半固定路线型和无固定路线型三种。

（1）固定路线型

这是目前广泛应用的一种形式，按导向原理的不同，它又有电磁式、光学反射式之分。电磁式自动小车需要在小车行走路线的地面下埋设专用环形感应电缆，以制导小车运动，这对于固定运输路线的生产车间较为适用，但这种方式不能随意延长或改变路线，所以不太方便。光学反射式自动小车则可利用车间原有地下电缆沟装设必要的灯光信号标志，在地面制成白色或能反射光线的线条以进行制导，因此易于更改路线，施工安装也较方便，近年来，其已得到广泛应用。这种小车在车前车后装有光学检测装置和防撞装置，车上装有机动辊道，可以自动装货卸载，用蓄电池作为电源供直流电机驱动小车和辊道。小车行驶路线的地面上，粘贴有能反射光线的铝带或不锈钢带等，作为导向带和信号带，带宽约 50mm。车首或车尾的光电检测装置中装有光电开关，如采用硫化镉的光电开关，它将导向带或信号带反射来的光检测出来后，转换成电信号。导向带或信号带的反射光比一般地面的强得多，因此通过一个阈值电路就可检出导向带和信号带的信号，然后这个信号被送入车载微型机或控制器中，从而控制小车的状态。

小车在行抵岔道前，先经过信号带，光学检测装置将向左转的信号检出传送给车载微型机（或控制器），微型机按事先设定的程序控制小车减速，并令逻辑判断单元向驾驶盘转向电动机发出左转弯命令，利用驾驶盘上的电位器反馈信号与给定值相比较而校正小车方向。铝带或不锈钢带过于脏污时，可能影响反射效率，降低小车检测装置的识别能力，因此应保持带面清洁，不应有油污或其他物件遮盖。

小车装货卸载可以采用手动方式，或由程序自动控制。近年来，国外有些工厂为实现夜班无人生产，采用了全自动的控制方式。在全自动运行时，小车上机动辊道的工作状态由光电开关、行程开关等设备进行检测，然它们将信号传送给车载微型机，微型机通过通信控制单元（CCU）和中央控制室与中央处理装置（CPU）交换信息，确认小车处于停稳定位状态后，由中央控制室发出指令来控制小车装货、卸货、允许开车等动作。

在成批生产的车间内，自动小车按照预定的固定路线，并根据沿途的标志等自动行驶，这种固定程序的小车不必用计算机或通信机来控制，而是由专用的程序与逻辑控制器控制，比较经济。为适应加工机床、装配机械的不同工作台高度，有些小车的工作台可以升降，起升高度为 100mm、200mm、1000mm 不等，可以手动调节，使之与机床工作台的高度相等。但是小车工作台起升高度有限，人们常采用固定小车台面，而在一些机床前装设专用的升降台（托盘）来装卸材料和工件的方法。

在自动线或柔性生产系统中应用自动小车都取得了很好的经济效益。例如，在国外一条汽缸盖加工自动线中有 6 台数控机床和 25 台其他机械，原有 31 个工人每日 9 小时生产，加工近 30 种规格的汽缸盖，产量不能满足要求，生产周期将近 16 天，后增加 5 台自动传送装置和一台自动小车，采用数控和集中控制的原则控制全线及自动传送系统，其运行结果是白天生产时只需 4 人，夜间则无须专人照看，全线日夜工作时间达 21 个小时，并且由于采用自动传送系统和小车，使生产周期缩短为每批只需 4 天，大大提高了劳动生产率。

自动小车的应用，加快了物料流动的速度，缩短了辅助生产时间，给机械工业增加了活力。人们在实践中进一步将小车和抓取传送的工业机器人及自动化立体仓库连接起来，使车间的物流更加畅通，实现了较完整的 CAM、FMS，提高了车间自动化的程度。

（2）半固定路线型

上述固定路线型自动小车仍然需要在车间地面上做一定程度的加工改造，小车运动路径仍受到一定限制。为扩大小车的运行路径，人们采取部分固定路线与标志制导相结合的方法，该路线型被称为半固定路线型。

（3）无固定路线型

理想的自动小车应不受固定路线和特种标志的限制，它能根据任务指令，自动寻找目的地。微型机、传感器、智能科学、识别方法的不断发展，使这种设想具备了一定的技术基础，因此学术界对这类小车的研究非常活跃。在研制中的此类小车有回转仪式、自动巡航式、坐标式、超声式、激光式等，有些工业发达国家在这方面投入了相当多的力量。虽然现在此类小车尚处于研究试验阶段但其在未来将成为机械工厂物流自动化中的关键装置。

二、机械手与工业机器人

（一）抓取传送用机械手的分类和主要参数

1. 分类

机械手一开始就是为了物品的抓取传送而出现的。例如，1962 年美国的沃萨特兰（Versatran）就是机械制造车间内用来抓取和传送的早期产品。数十年来，机械手在驱动方式、控制方式等方面都有了很大的发展。机械手的分类方法很多，一般有以下几种。

（1）按驱动方式分类

按驱动方式分类有液压、气动、电动和机械式四种。由于液压驱动的输出操作力大，体积比气动式小，噪声低，动作比较平稳，具有较高的控制精度，速度响应快，过渡过程品质较好，易于控制速度特性等，因此国内大多数机械手都采用液压驱动方式。应用液压、气动驱动方式时，其需要有油源、气源、管道等设备，维修或更改管路都不方便，因此电动驱动方式已逐渐受到人们的重视。采用谐波传动、印刷电机等技术可以大大减小传动机械的体积和惯量，对提高速度和定位精度很有利，这种方式将是未来的主要发展方向。

（2）按手臂运动形式分类

按手臂运动形式分类有直角坐标式、多关节式、球坐标式及圆柱坐标式等。当机械加工设备或自动线直线排列时，用直角坐标式行走机械手，其活动范围大，多关节式动作灵活，可以绕开障碍物去抓取工件，但一般抓举重量不大，结构复杂，定位精度不高。球坐标式机械手仰俯、旋转、伸缩方便，工作活动面大，可对作弧线排列的两台或三台机床服务，可以抓取拣拾地面的物品。圆柱坐标式机械手可以伸缩、上下和旋转，占地小，工作活动面大，是工业中常用的一种形式。

（3）按运动轨迹分类

按运动轨迹分类有点位式和连续轨迹式两大类。点位式机械手是应用较多的一种，机械手运动时，只要输入运动起点和终点，由控制器控制机械手的起止点位，不必控制途径每点的位置，这样控制器的容量小、成本低。连续轨迹式则要求对机械手的运动轨迹连续控制，使之在三维空间内完成任意连续曲线运动。

（4）按通用程度分类

按通用程度分类有专用和通用两类。由于机床、自动线、专用设备等各有不同要求，因此出现了大量各种类别的专用机械手。专用机械手的动作程序经常不变，可以由机床主控制器控制，或由专用程控或顺控装置来控制。一般情况下机械手为适应不同工艺要求，常需程序可变的独立自控系统，如用可编顺控器、微型计算机等来控制。国内现有的机械手大部分属于专用，通用的占少数。

2. 主要性能参数

①自由度。机械手的腕，手臂（不包括手指）等部分的升降、伸缩、旋转等运动数称为自由度。机械手自由度数多，则动作灵活、适应性强、通用化程度高，但结构复杂、维护工作量大。国内前期研制的机械手大部分是两个或三个自由度，四个以上自由度的较少。

②最大工作范围。人们应根据选用的手臂运行形式和工艺要求，选择每个自由度的最大行程、转角等，以确定机械手的最大工作范围。

③运动速度。从工艺上看，生产节拍要求机械手的分解动作时间是一定的，因此运动速度应能满足这个要求。但是速度与结构参数、控制系统、驱动部分形式、缓冲方法、定位精度等有关，是影响机械手运动特性的主要参数之一。国外液压驱动的机械手速度为 1～1.5m/s，气动的为 2m/s。

（二）机械手的应用与发展

在机械制造厂中，机械手常用来在单机或自动线上抓取传送工件、刀具、材料等，它可以使操作工人从繁重、单调、重复的体力劳动中解放出来，特别是在高温、危险有害作业环境（放射性、有毒气体、粉尘、强噪声等）中代替人的部分操作，不但可以大大减轻劳动强度，提高产品质量和生产效率，而且保证了工人的人身安全。目前，机械手已应用于铸造、锻造、冲压、切削加工、喷漆、装配等各种工艺过程中。例如，铸造厂的砂芯车间采用壳芯机制造汽车用的缸筒—曲轴箱砂芯时，需要在 300℃～400℃高温下将壳芯取出，而且在高温下，壳芯使用的酚醛树脂黏结剂放出有刺激性气味的游离甲醛气体，劳动条件很恶劣。采用圆柱坐标式机械手代替人工取芯后，效果很好。该机械手有手腕回转、手臂回转和手臂升降三个自由度，臂力为 20kg。系统采用气动驱动，油缸阻尼缓冲。控制系统用继电器和无触点接近开关组成，使用维护都较方便。又如，在加工工矿车辆的侧架时，由于工件很重，工人劳动强度很大，工厂在各工序单机之间安装了抓取、传送、安放用的机械手，手臂有升降、进退两个自由度，采用直角坐标式，液压驱动。把加工单机和多台机械手连接起来就形成了加工自动线，它可以提高劳动生产率。汽车制造的重型压床上常装有机械

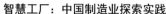
手进行上下料，这种机械手可采用圆柱坐标式，气动驱动，五个自由度（手臂升降、伸缩、俯仰、水平回转、手腕回转等）。在冲压加工自动线中，工人的安全是一项极为重要的指标，工厂应采用机械手来从事容易疲劳出事故的简单频繁操作，如取料—上料—定位—加工—取出工件—放好工件的作业循环。随着应用领域的扩大，在装配作业的抓取传送中，人们开始要求机械手（机器人）具有一定的触觉、视觉，或要求应用具有识别判断能力、能按图纸选择传送带上零件、能确定合适装配顺序且具有一定智能的工业机器人。

三、自动化立体仓库

（一）自动化立体仓库分类

1. 简易型

简易型仓库高度较小，货格数较少，通常由人工检货，辅以升降机和运输机等设备搬运货品，实现了局部自动化，这种仓库造价较低，适用于中小型企业的小型仓库，可以达到省力、提高工效，节约地面等目的。其一般采用局部自动控制、顺序控制和手动相结合的方式。

2. 缓冲存储型

这种仓库设立在 A、B 两工序之间，作为缓冲存储、补偿生产节拍差等用途的中间仓库。作为零件或半成品存储用时，其容量应按生产规模进行设计。在柔性加工和装配过程中需要采用这种小型仓库，这种仓库具有本地控制器，并可由中央控制器统一控制。

3. 补给型

补给型仓库要按照规定的生产节拍对加工或装配自动线提供材料或半成品。这类仓库应具有自动检货和运输功能，按工序节拍的要求及时控制出入库生产，常采用可编顺控器控制，也应用了以微处理器为核心的可编顺控器等。

4. 成套自动化型

该类仓库是按照 CAM 或 FMS 的要求，将材料—加工—装配—仓库等生产线、自动运输工具组成一个整体进行自动化生产的自动化仓库。此类仓库用微型机控制堆垛机、运输小车等，多巷道时仓库用小型机控制。

5. 订货处理型

此类仓库用计算机对仓库的功能和订货合同进行管理，并能将各部分作业状态的信息输入库存管理系统，根据生产需要和实际情况进行库存管理，实现综合自动化。这类仓库都采用多级计算机控制管理，是目前自动化水平较高的立体仓库。

（二）仓库的自动检测与控制

1. 堆垛机位置的检测

堆垛机在巷道内运行位置的自动检测是升降货台自动认址、准确到达指定货格的重要手段。在认址过程中，自动检测装置应能发出现在位置、速度变换和停车等信息，以控制堆垛机的状态。堆垛机及其货台的运动路径是水平行走及垂直升降两个方向，通常采用相对认址方式，即当堆垛机、货台行走时，每经过仓库的一行、一层都将设定的地址数分别减1或加1，这样设定值与现在值的差值就逐步缩小。在到达目的货格前控制系统应控制堆垛机使之减速，如当差值为2时，运行速度就由常速变换为中速，当差值为1时，变换为低速，并自动调整为停车前所需要的微速。当到达目的货格，设定值与现在实际值相一致时，发出停车指令制动，使堆垛机停在规定的范围内。堆垛机的惯性和由微速到停车间的时间都应事先计算和实测，以保证停车的准确性。但是，由于建筑、运行磨损，累积误差等原因，仍然可能产生偏移，以致货叉和货箱之间有一定偏差，影响正常操作，为此其系统中要设定必要的修正值以补偿这种位置偏移。

应用计时器的目的是在利用时间继电器计时，使堆垛机在接收变换速度的指令后，按实际需要调整变换点，延时某一合适时间后发出换速指令，并仍保证停车的位置精度要求。这样使堆垛机不必在减为中速、低速、微速等过程中因行走时间过长，而增加仓库的作业周期。检测元件常采用行程开关、光电开关等，大都装在堆垛机上（货台上），认址片则装在堆垛机行经的路面上，还对应于每层货格高度的堆垛机立柱上，以测出堆垛机的位置，这种方式称为相对地址法或计数法，同时为提高可靠性系统中还附加了奇偶校验，由于该设备简单、可靠，因此应用较广泛。另一种认址方式是绝对地址法，即对堆垛机各个位置都分别予以编码地址，并装设认址片群，而检测元件则装在堆垛机和货台上，这样检测元件输出的信号就代表堆垛机和货台所在的位置，这种方法可靠性高，但对检测元件性能和安装精度要求高，从而增加了建设费用。

2. 控制信号的传输

（1）拖线传输

简易仓库和早期的立体仓库常采用这种传输方式，即用橡皮绝缘电缆或特制扁状导线带连接地面控制台和堆垛机，采用可以伸缩的悬挂式装置，沿堆垛机行走方向移动以承载导线。由于堆垛机行走速度高、巷道较长、动作频繁，因此要求电缆有足够的机械强度和寿命。这类传输线总长往往有数十到数百米，容易受外界干扰的影响，因此必要处应采取屏蔽措施。

（2）无线传输

这种传输方式在堆垛机和地面中央控制台上都设有无线发射和接收装置，利用选择开关选择约定的无线电信号波，经调制放大后发射出去。该传输方式用天线接收信号波，经滤波放大后，控制相应的输出。这种方法灵活性较大，适合于大型仓库多巷道的控制，但是要严格防止工业环境中电磁干扰所引起的误动作。

（3）感应传输

这种传输方式在堆垛机行走轨道的两侧装设两根环形传输导线，传感器装在堆垛机上，利用无接触式磁性感应原理从传输导线上取得信号。发送和接收信号分别用一套传输导线和传感器。这种传输方式没有随堆垛机运动的挠曲导线，设备寿命长、可靠性高，用音频传输信号，抗干扰能力较强，因此应用较多。

（4）光电传输

该传输方式是在巷道两端采用投光器，在堆垛机上装设受光器，受光器接收指令并转换为电信号进行控制。目前，全自动化的立体仓库中已经采用了这种数据传输方式。

3. 自动控制装置

在简易型立体仓库或平面型材料库的控制中，人们常采用继电器控制和顺控器控制等方式，货品货格较多的立体仓库则采用可编顺控器。近年来立体仓库大多采用以一位微处理器为核心的可编顺控器控制，或采用微型机控制。例如，有一座小型立体仓库，其中的货品是电器或机械半成品，货箱宽为1100mm，长为1100mm，高为1300mm，仓库共有两个货架，货架规格为25行×5层，因此全库共250个货箱，用一台堆垛机作出入库操作，用感应传输方式连接地面控制器和堆垛机上的控制盘，出入库口有自动小车和出入库设定器，控制器采用可编顺控器，其可进行下列各项操作：一是出入库设定和设定信息处理；二是按品种进行实货箱在库管理和空箱在库管理；三是实箱、空箱的先入先出管理；四是当天出入库累计；五是盘货表格打印输出等。因此，可编顺控器的 CPU 可以选用 Intel8080 微处理器。选用该处理器时，指令执行时间为 $2\mu m$，指令数为 78 种。人们可根据信息量的要求选择存储器容量，如可选 ROM 为 7KB，RAM 为 4KB，磁心存储器为 4KB 等。配备适当的外设后，最大的输入输出点数可达 512 点，具有五种数字输入、六种数字输出、三种模拟输入和输出等形式。在地面控制盘上有出入库设定器，可以设定"货架号、行号、层号"地址以控制堆垛机的运行。

第五节　生产管理过程的自动化

一、库存管理与订货方式

（一）库存管理的目的

库存管理的目的是合理地使用流动资金，在保证生产和流通正常进行的前提下达到最低的物资储备，使有限的资金发挥最大的经济效果。库存管理的两个重要指标是：第一，库存资金周转率，库存资金周转率 = 全部供应（或销售）额 / 平均占用的定额资金，为了达到最大的库存资金周转率，人们就要正确地掌握供求规律，处理积压，降低采购与管理费用，确定合理的储备定额和订货周期；第二，库存服务水平，服务水平 = 供应（或销售）量 / 需求量 × 100% 或服务水平 = 供应（或销售）量 / 供应（或销售）量 + 短缺量 × 100%，为了满足一定的服务水平仓库就必须保持一定的安全储备，保证物资连续供应，防止因缺货造成损失，并且设置一定的安全储备可以防止由于某些突然性事故而造成生产和供应系统的全面混乱。在保持一定服务水平条件下的库存管理是建立一个合理的库存储备，使库存费用（订货费、存储费、缺货损失费等）总数达到最小，从而提高流动资金周转率，并使工厂稳定生产，降低产品成本，防止因缺货造成的各种损失。

（二）订货方式

1. 定量订货方式（模型）

定量订货方式也称为订货点订货方式，是每当库存量下降至旧货点 Q_k 时人们就按经济批量 Q 订货的一种库存管理方式。人们常用的是最佳订货量 - 订

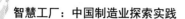

货点模型，这个模型是当库存到达预定的数值时就按最佳订货量进行订货。

2. 定期订货方式（模型）

定期订货方式是预先计算出最高储备量 Q_m，每到某一固定时间（订货周期）就补充库存，Q_m 通常按下式计算。

$$Q_m = (L + T) R + a\sqrt{L + T}\, \sigma_R$$

式中，σ_R 为需求率标准偏差，由长期积累资料和经验统计而定；L 为提前期；a 为安全系数。

在订货周期的决定过程中，人们需要考虑下列因素：第一，要根据供需双方生产能力和库存能力制订；第二，考虑供需双方合同规定的订货周期；第三，根据长期积累的历史资料等。人们综合考虑这些因素后再加以选定，也可以按 Q 计算出订货间隔期，经试用后修正而定。在库存管理中是选用定量订货还是定期订货，要根据很多情况和条件来判断，一般来说，库存金额较大的货品常采用定期订货比较有利。现在人们广泛应用 ABC 分类法来进行分析判断。

（三）ABC 分类法

ABC 分类法的原理易于了解，简单实用，因此在库存控制中应用较广泛。这个方法是根据某类器材占库存总金额的多少来进行分类，然后对不同的类别采用不同的管理方法。该方法可以帮助管理人员把有限的精力集中到重要而关键的部分，同时又能兼顾其余方面。应用"ABC"分类法时，需要将器材的金额进行统计分类，按金额大小分为 A、B、C 三类。其中，A 类指金额占库存总金额的 80%，数量占 15% 的器材；B 类指金额占 10% ～ 15%，数量占 20% ～ 25% 的器材；C 类指金额占 5% ～ 10%，而数量占 60% ～ 65% 的器材。需要注意的是，应用 ABC 分类法时，划分类别的金额和器材数量的百分比应按不同的产业和市场供求情况而具体分析，对生产用关键器材或难于得到的重要器材，若其金额不高，也应列入 A 类，不能拘泥于上述百分比来划线。A 类器材为重点管理类，一般采取定期订货方法；C 类器材为经济订货（EOQ）类，一般采取定量订货方式；B 类器材则需根据具体情况，或用定期订货方式，或用定量订货方式。

二、器材需求计划系统

（一）机械工厂的管理与器材需求计划系统

在机械工厂最初采用器材需求计划系统（MRP）时，它的定义是狭义的，即器材需求计划。它是生产工程中的物料供应系统，与工艺准备、生产准备、加工过程、仓库管理等都有密切关系。这些工作大都可以加以数据化，并发展一些相应的计算方法，如库存管理、订货管理等，因此可以采用计算机形成自动化系统。根据各个企业的实际情况和需要，研究人员研制了不同的，适用于大型机、小型机的应用软件。多级计算机应用已经扩展到了 MRP 的工作范围，因此广义的 MRP 定义是生产资源计划，即在狭义定义的基础上增添了在限额的材料、资金、设备、工时（人员）等资源条件下确定最佳批量；在生产情况变化时及时作出建议进行调度管理的功能。因此它包括了财务管理（库存估价、流动资金分配、管理费用分配等）、经营计划等内容，担负处理资源的计划、仓库的库存管理及有关技术信息的管理，并对仓库和发货进行控制，进而实现工程管理，包括出厂管理、质量管理等，形成了机械工厂自动化管理系统的核心组成部分，并成为全厂综合自动化的重要环节。

　　工厂生产形式和组织形式变化很大，因此 MRP 的内容也不尽一致，人们对 MRP 的解释也尚未统一，现在运行中的 MRP 系统，其组成繁简程度不一，种类也较为繁多，这个系统包含器材管理系统、生产日程计划系统和作业管理系统等，这些系统由一个技术信息管理系统提供数据和信息，通过日程计划和器材计划系统控制采购和仓库的作业。生产日程计划系统根据信息系统和器材情况编制生产作业计划，下达给生产过程，生产过程的实际完成进度（在制品流动信息）反馈给作业管理系统。这类系统在实用中均获得了大幅度降低开工时数的效果，有些企业使用 MRP 后，生产率提高了 5% ～ 30%，库存降低了 30% ～ 50%，合同脱期率降低了 90%，劳力节省了 10%。应用 MRP 系统的另一优点是可以组织均衡生产，据报道，国外有些机械工厂 75% ～ 85% 的产品是在月末前 5 天中完成发运的，这种情况下人工控制很难完善平衡，但采用 MRP 后，其显示出把库存、生产、作业计划联系在一起的优点，使作业计划能充分利用机床设备和制定合理库存，因此生产的均衡性大大改善，一般可以改进到只有 35% 的产品在最后 5 天中完工。MRP 的成败与否，关键在于系统是否有及时和准确的信息输入。MRP 系统需要及时取得下列数据：第一，一个"现实的"生产日程计划（或称为基本生产计划）；第二，准确的材料清单或零件结构清单；第三，准确的库存记录文件，以及包括批量大小、提前交货时间、安全库存量等因素在内的库存计划。这种根据各种信息反复调整的过程是广义的 MRP 与狭义的 MRP 的重要区别之一。

（二）MRP 的几种使用范围

由于 MRP 在管理系统中功能不同，因此产生了各种不同规模的系统，归纳起来有以下几类：第一，仅仅作为数据处理系统中的一部分，其应用中需要存入曾经发生过的或理论计算的失败库存记录、不良调度计划记录等，对缺额、短额货品也用一览表形式存入备查；第二，用作库存订货系统，系统要编制缺额、短额货品的一览表供调度使用，对超额货品和库存也要及时通知主调度；第三，用作生产 - 控制系统，系统通过缺额、短额货品一览表进行生产控制，因此其是具有生产能力计划和车间的控制系统；第四，用作经营管理的模型（闭环系统），或作为销售、财务、生产、采购和工程用的对策计划。

三、管理信息系统

现代化的机械制造企业产品繁多、组织庞大，为能在较短工期内完成更多产品的生产，就必须进行高效能的自动管理，而管理中的关键问题之一就是信息的转换（处理）与传送，这些信息包括各种加工零件的特征信息、过程信息、库存信息、设备信息、计划信息等。管理信息系统（MIS）实际包括有关管理数据的收集、传送与处理等职能，它的作用贯穿整个生产循环，但作为 MIS，则其主要是计划过程和反馈过程的输入、输出信息处理。MIS 犹如生产计划和各种后援计划（如 MRP、工艺过程计划、采购计划等）的接口和连接神经。各种计划通过 MIS 将任务、问题和数据库等形成的信息进行变换，以计划、指令等形式发布给相应的执行部门，然后通过数据收集系统从各执行部门取得反馈信息回授给 MRP（广义的 MRP 系统），让其针对反馈的新问题、新数据，进行信息处理和加工。在这过程中，往往要加入非正式信息，即人的思考、管理经验、决策等，再次形成新的计划调度、管理指令，发往各执行部门。

但在实际生产中，大多数工厂缺乏从车间到 MRP 的反馈信息，目前仍然主要依靠人工收集数据，经过人的思考决策来调度生产，保持生产平衡。据相关估计显示，有 50% 的生产指令在车间实施时都经过了修改，因此在以断续生产为主要形式的机械加工工厂中要想实现闭环的信息反馈，是有较多困难的。目前，相对物流的自动化程度来说，信息流的自动化程度仍然是相当低的。针对机械工厂生产的动态特性，人们需要发展面向通信的管理与控制信息处理系统及其软件系统，这是实现综合自动化中的一个关键技术问题。为此，人们研制了一套面向通信的生产信息和控制系统（COPICS），它可以管理生产过程中的一些工作，如提供订货清单和需用材料明细表、库存管理、编制作业计划、向加工过程（设备）发布指令、维修机床设备等。这套系统包括 12 个子系统，分别是设计与生产用数据管理、订货服务、有关市场的需求预测、主生产作业计划、货品的库存管理、仓库管理、车间生产能力计划、作业计划管理、加工过程的监控、设备维修计划、采购与接收、成本核算。

第六节　计算机辅助制造与综合自动化

一、柔性生产系统（FMS）

（一）直接数字控制的类型和发展

多台机床或生产机器用一台或数台计算机进行集中控制的方式称为直接数字控制（简称 DNC），国内习惯称之为"群控"。DNC 是将各机床的切削数据和控制指令都存在计算机存储器内，因此节约了单台机床制备纸带的时间和装置费用。有些使用效果较好的系统，其设备投资费用节约可达 70%，生产率提高 30% ~ 40%，或成倍增长。DNC 在国内也取得了不少成功应用经验，如用小型计算机可控制多台数控车床，或控制多台仪表车床。

DNC 在使用中有以下三种形式。

1. MCU 式

MCU 式，即一台计算机通过分时多路控制装置控制各机床的控制器。这类系统把机床的全部控制指令和编程工作都集中于中央计算机，因此对中央计算机的可靠性提出了较高的要求，这就导致了系统成本增加。

2. BTR 式

由于中央计算机出故障后可能出现全线停产的危险，因此 BTR 式保留了数控机床上的纸带读出机等装置，既可由纸带控制各数控机床，也可由分时接口控制各数控机床单独工作。

3. 混合式

混合式即上两种形式混合接入系统使用。20 世纪 60 年代的 DNC 常常是用一台中央计算机控制多台机床，并完成部分调度工作。20 世纪 70 年代后的 DNC 特点是系统增加了自动搬运装置，如机械手、随行托盘、自动小车，同时还应用了中间缓存装置等，控制对象增多，功能增加，使系统具有了一定的柔性。在大型机械工厂中，被控机器设备和过程较多，控制范围较大，为避免

DNC 控制过于集中从而使主计算机可靠性要求很高等问题，人们发展应用了多级计算机控制系统。该系统既有利于分散主计算机的负荷，提高系统的可靠性程度，同时也便于硬件、软件的功能设计和生产维护。

在工业生产中应用的多级计算机控制一般有二、三、四级，常用的是二、三级控制，其分工大致为以下几种。

第一级：基层控制。该级采用各种控制机、小型计算机、微型机、各种控制器等，负责收集信息，处理检测数据，执行上级计算机来的命令，直接控制生产过程等。

第二级：协调控制。该级一般采用小型计算机控制，任务是对局部生产状态进行分析、判断、发出指令、修改基层控制参数，协调其工作等。

第三级：管理控制。该级一般采用中大型计算机，负责管理控制、原材料价格分析、生产历史记录、管理报告编制、零件程序储存、经济指标核算等，以实现整个系统的综合晋升和自动化。

（二）FMS 的特点

随着 DNC 的发展，特别是车间内物流自动化和成组技术的发展应用，FMS 也在逐步演进，在发展过程中人们很难过早对它下一个精确的定义，但从世界上现有的 FMS 系统组成来看，其可以被归纳成如下几个特点。

第一，FMS 中部包括若干个自动工作站，按照投产的先后，自动工作站可能是一般数控机床、数控加工中心、多动力头数控加工中心、数控机床加专用工业机械手（机器人），甚至是其他组合机床加机器人组成的成组加工单元等。

第二，这些工作站往往由工件传送系统（物流自动化机构，如自动小车、悬链、辊道等）连接起来，在全线上可以同时加工若干种不同的工件。

第三，这些不同的工件通过自动工作站时，可以有不同的路径，其通过不同的工作站或成组技术原理，采用相关理论和方法设计工艺过程和路径，在路径中途有时采用中间缓存库（架）等平衡调整生产节拍，现今已有越来越多的 FMS 和自动立体仓库相衔接。

第四，由于各种原因，在调度管理生产中可能临时变换工件品种和批量，在这种情况下，重新设定的时间应尽可能短。

第五，有的 FMS 把加工后的清洗、检测、分选或其他工艺操作等也纳入了系统，扩大了柔性生产的范围。

（三）FMS 的发展

FMS 的应用效果是显著的，但国外早期也有盲目追求柔性，但经济效果很差，最后不得不停用的失败教训。机械工业的多品种中小批量生产在数量上约占75%，产值约占70%，而且随着市场需要商品的多样化，这种生产方式所占比例将继续增加。为提高这种生产方式的劳动生产率，加快产品的更新换代和技术改造，提高产品性能和质量，降低成本，FMS的发展和应用是必然的趋势。制造业生产方式由手工操作发展到NC、CNC、DNC和FMS的大量采用计算机控制，这使人们在制造过程中得到了类似于人工的柔性，这不是基于单纯技术上的考虑，而是为了经济发展和社会发展的根本利益。因此，许多国家正在大力投资研制各类FMS系统。FMS虽然是计算机控制的系统，但它仍然包括大量常规的人工操作，如手工设定，批量、产量调整重新设定，系统监控维修，部分搬运传送的控制等。FMS离真正的集成生产系统还有一段距离。因此，FMS还需要进一步发展具有自适应能力的柔性加工单元；能自动选择最短路径的柔性自动传送（搬运）装置和系统；智能机器人；高准确度的自动诊断系统；柔性生产控制管理用的各种计算机应用软件，特别是各种调度软件等。FMS把信息流和物流结合起来，集中进行管理，分散进行控制，因此工业应用效果是非常好的。随着电子技术和计算机技术的发展应用，FMS可能成为计算机集成生产系统中的重要组成部分，成为机械工厂综合自动化中的关键技术问题。

二、综合自动化

（一）集成生产系统

当设计、加工、检验、装配、辅助生产（搬运和存储）、工艺准备、生产准备等过程实现了自动化后，人们已经认识到对机械工业来说数字计算机是具有巨大潜力的工具。它不但可以实现各个分过程、几个过程联合的自动化，而且存在着把全部过程集成在一起组成计算机集成生产系统（CIM或IMS）或称为全厂综合自动化系统的可能。

这是由M.E.麦钦特提出并得到多次国际会议讨论公认的提法，即集成生产系统是一个闭环反馈系统，它的输入是关于产品的需要和概念，而其输出则是经检验合格可交付使用的产品。它包括一系列的硬件和软件。一个集成生产系统应对所有这些生产过程进行实时有效的分析和控制。在分析和控制中，成组技术（GT）、自动工艺过程设计（CAPP）、器材需求计划（MRP）等将是基本的工具。

麦氏提出的这个模式，实际是一个机械工厂全盘综合自动化的设想。全厂的综合自动化涉及计划、设计、制造、管理、经营等各个有关部门的主要工作项目，需要人们先将这些分项目实现局部的自动化，如 CAD、CAPP、CAM、FMS、OA（办公业务自动化）等，然后用 MRP、MIS 等系统进行综合管理，把全厂的生产活动有机地联系在一起。在这个过程中，数字计算机将是重要的工具，各种类型的计算机将形成一个庞大的网络，按照人事先预定的程序控制和指挥整个工厂的生产，因此这种集成生产系统又可称为计算机集成自动化生产系统（CIAM）。全厂中央管理部门应根据市场远近期需求形势及技术发展动向编制长远规划和新产品试制计划、综合生产计划等，并确定近期的器材需求计划 MRP，通过管理信息系统 MIS 指挥工厂各部门工作，并通过有反馈的 MIS 进行综合调度。从 IMS 建立和 FMS 工作的基本原则来看，成组技术、柔性加工单元及计算机应用软件等是重要的基础，需要积极加以发展。按照 MIS 的定义，国际上普遍认为到 21 世纪末以前人们可能实现全厂的中央计算机集中控制，但可能很难制成高标准的全集成式的系统（即概念输入、产品输出）。实际上，人们对集成系统或综合自动化系统的理解是不完全一致的。在生产范围内，综合自动化往往也有不同的程度。有些厂把整个进程分成了"几步走"的形式，在不同时期按需要实现不同程度的综合化，最后趋向于高标准的 MIS，这是比较现实的。

（二）工厂综合自动化的研究与发展

不少国家正在研究不同形式的综合自动化工厂。例如，日本在 1973 年就曾开始"无人化工厂"的研究，经过几年的探索性试验，由于技术经济效果、生产体制等原因，研究人员决定更改原计划，把无人化作为一个较长远的目标，而近期则着重研究所谓复合生产系统，通过这种系统的应用和开发，逐步建立与多品种、中小批量生产相适应的生产体制，然后再向无人化工厂过渡，这将是一个比较长期的研究课题；美国于 1977 年开始了 ICAM 计划，其目的是在十年中逐步研究解决下列基本问题。

第一，研究几何模型的标准表示方法，发展描述这一模型的高级语言和数字控制语言，使之便于用二维图形的数据进行直观显示，或用三维图形的数据供给控制系统使用。

第二，要研究通用成组技术特征化编码（GTCC），以便将设计和制造过程紧密联系在一起。

第三，对飞机的板料零件建立加工模型，并在实用中逐步改进。

第四，研究设计、制造、管理用软件，研究可以提高生产效率的软件模块，还有能把这些部门工作联系在一起的，集成系统所需的软件模块结构。

　　这个研究计划的成果主要是提供了一批可供工厂采用计算机集成生产用的应用软件。

　　随着经济发展与社会的进步，人们会发现在 21 世纪，包括我国在内很多国家都在不同程度上实现了工厂综合自动化，我们相信，未来工厂自动化的程度将会越来越高。

第四章 制造业信息化转型

第一节 制造业信息化概述

一、制造业信息化的内涵

关于制造业信息化的定义，由于人们的视角不同、关注重点不同，因而对其定义的理解、描述出现了较大的差异，目前国内散见在各种书籍和文章中的定义有多种。但如果仔细地对这些定义加以分析，人们就会发现这些定义的差异并不是本质性的。一般认为，制造业信息化是指企业将现代信息技术与管理技术、研发技术和制造技术相结合，将其应用到企业产品生命周期的全过程和企业经营管理的各环节，以提升一企业的经济效益和竞争力为目标的动态发展过程。

上述定义主要包括以下几个方面的内涵。

第一，从技术手段看，制造业信息化是企业对现代信息技术的广泛应用。现代信息技术的核心是微电子技术、计算机技术和网络通信技术，正是信息技术的发展和广泛应用构成了制造业信息化的一个显著特征。同时，信息技术仅仅是实现制造业信息化的手段之一，它需要同与之配套的管理技术、研发技术和制造技术相结合才能起到信息化带动工业化的作用。

第二，从驱动机制看，制造业信息化通过以现代信息技术为代表的各种先进技术在企业产品生命周期全过程和企业经营管理各环节的综合应用，达到提升企业的经济效益和竞争力的目的。正像企业对任何新技术的采用一样，企业对信息技术的采用也是市场竞争和利润驱动的结果。

二、制造业信息化的分类

（一）按企业内外部划分

按企业内外部划分，则制造业信息化可分为内部信息化和外部信息化。内部信息化包括企业内部各部门，各分支结构，各生产经营环节通过网络建立与管理决策、研究开发、生产制造、市场营销、售后服务部门的紧密连接，实现企业内部信息共享。外部信息化主要是由政府有关职能部门和中介服务机构承担，以确保制造企业与外部环境之间的贸易通道畅通，提高制造企业的采购、销售效率，简化其与顾客和合作伙伴的交易环节，以降低交易成本为目的。

（二）按企业规模划分

按企业规模划分则制造业信息化可以分为大型制造业信息化、中型制造业信息化、小型制造业信息化。不同规模企业的信息实现途径和策略具有很大的差异。

（三）按企业市场范围划分

按企业的市场范围划分则制造业信息化可以分为外向型和内向型。面向国际市场的企业和以国内市场为主的企业在信息化的紧迫性、规范性上有较大差别。

（四）按企业的工艺过程特点划分

按企业的工艺过程特点划分则制造业信息化可以分为离散型和流程型。不同工艺过程企业，采用的信息技术、应用重点、实现的复杂性差别很大。

三、制造业信息化的基本内容

（一）信息化基础建设

信息化基础建设主要包括五个方面的内容：计算机网络、信息集成、信息门户、数据库系统、信息安全系统。计算机网络把分布在不同地理位置的计算机互联起来，为企业信息资源的共享提供物理通道。信息集成是企业各种信息系统运行的中枢神经，计算机通过数据库系统把企业中纷繁复杂的各种信息按规律分类存储，为企业信息系统提供各种数据资源。信息门户是企业统一的用户认证平台和应用集成平台，其通过信息安全系统为企业的各种信息系统安全、可靠运行提供保障。

作为信息化的基础设施，它们都是企业各种信息系统的支撑环境和运行条件。如果把各种信息系统比喻为"车"，则信息化基础设施就是"路"。只有修好"路"，"车"才能跑得快且稳。相反，只热衷于修"路"，没有或只有很少的"车"跑，则是一种资源的浪费。信息化基础建设应该与信息系统的开发同步进行。

（二）产品研发信息化

产品研发信息化是将以现代信息技术、工程技术、数学方法等技术为代表的多学科及多领域的科学与技术综合用于企业产品研究与开发全过程的综合技术应用。它集成了现代设计与制造过程中的多项先进技术，包括计算机辅助设计、计算机辅助工程分析、计算机辅助工艺规划、计算机辅助制造、产品数据管理等。随着应用的深入，上述系统之间的集成问题开始变得重要，因而基于产品的数据管理的虚拟产品开发技术已成为产品研发信息化中的新内容。

一般认为，产品研发信息化仅是产品研发过程与手段的信息化。实际上，随着信息技术的飞速发展和日趋成熟，现代制造企业所赖以生存的产品本身已越来越多地应用信息技术，从而使产品的性能和质量大为增强，产品的成本显著降低，产品的技术附加值大幅度提高，继而提高了企业及其产品在市场上的竞争力。这不但给企业带来了巨大的经济效益，还使企业更新了传统的设计思想，建立了一种全新的产品开发和技术管理模式，同时也加快了社会进步的步伐。在产品研发中重视产品信息化已经是现代制造企业，特别是装备制造型企业信息化的重要内容，不可忽视。

（三）生产制造信息化

生产制造信息化是人们利用先进的信息技术、管理技术和制造技术，支持、控制和规范生产过程，使生产制造活动更加高效、敏捷、柔性的综合技术应用。生产制造信息化可以实现对生产过程的优化、监控和管理，解决生产过程中遇到的复杂问题，提高产品的质量、精度和规模制造水平，减少或消除生产瓶颈，剔除生产过程中不创造价值的冗余活动，以达到提高生产效率、准时完成生产任务的目的。生产制造信息化涉及从投料开始到最终完成产品的全过程，主要包括制造执行系统（MES）、数字控制系统（NC）、柔性制造系统（FMS）、工业机器人（ROBOT）、计算机辅助质量管理（CAQ）、计算机辅助检测（CAT）和其他生产自动化技术。

（四）企业管理信息化

现代企业管理是一门综合性的学科。随着现代信息技术的发展，人们开始将信息技术和管理技术用于企业管理领域，以提高企业管理水平和经济效益。企业管理信息化主要包括管理信息系统（MIS）、办公自动化（OA）、企业资源计划（ERP）等内容。管理信息系统、办公自动化系统、企业资源计划系统在企业的应用都是伴随着信息技术的发展而产生的，它们共存于企业中，相互关联，各有侧重。

（五）企业商务信息化

企业商务信息化是现代信息技术和管理技术在企业商务活动领域的综合应用，主要包括供应商关系管理（SRM）、客户关系管理（CRM）、电子商务（EB）等内容。

①供应商关系管理加强了现代制造企业与供应商的有效合作。

②客户关系管理为现代制造企业维系与客户的关系和扩大市场销售创造了条件。

③电子商务系统支持企业的对外业务协作，为企业供应商关系管理和客户关系管理应用提供集成平台。

SRM 和 CRM 与 ERP 构成了企业的供应链管理（SCM），使企业与上下游之间建立了跨企业的信息共享和业务集成，为企业创造了更大的经济效益。

（六）企业信息系统集成

企业信息系统集成是企业信息化的重要内容。它应用系统集成的哲理、方法、技术，通过信息集成、过程集成、企业间集成和综合集成等方式，将企业在产品研发、生产制造、企业管理、企业商务等领域内建立的信息系统进行整合，消除"信息孤岛"，实现企业各个经营环节的信息前后贯穿和共享，使各种信息系统紧密配合企业的发展战略，在整个企业甚至行业范围内实现企业集成，这样才能使企业获得更大竞争力。

第二节 计算机辅助设计与制造系统

一、计算机辅助设计

在设计过程中，利用计算机作为工具，帮助工程师进行设计的一切实用技术的总和称为计算机辅助设计（CAD）。

CAD包括的内容很多，如概念设计、优化设计、有限元分析、计算机仿真、计算机辅助绘图、计算机辅助设计过程管理等。在工程设计中一般包括两种内容：带有创造性的设计（方案的构思、工作原理的拟定等）和非创造性的工作，（如绘图、设计计算等）。什么是创造性的设计？创造性的设计就是在设计中要发挥人的主观能动性，只有这样才能创造出特别的设计作品，这项工作一般应由人来完成。非创造性的工作是一些烦琐重复性的计算分析和信息检索，完全可以借助计算机来完成。一个好的CAD系统既能充分发挥人的创造性作用，又能充分利用计算机的高速分析计算能力，即找到人和计算机的最佳结合点。

（一）CAD系统的硬件和软件

1.CAD硬件的组成

先进的CAD系统的硬件由计算机及其外围设备和网络组成。计算机分为大型机、中小型机、工作站和微机四大类。目前应用较多的是CAD工作站，国内主要是微机和工作站。其外围设备包括鼠标、键盘、扫描仪等输入设备，还有显示器，打印机、绘图仪、拷贝机等输出设备。其网络系统包括中继器（增加网线长度）、网桥（同种网相连）、路由器（选择通信路线）、网关（不同协议相连），以Modem（调制解调器）方式连接到网络上，以实现资源共享。网络的连接方式即网络的拓扑结构可分为星形、总线形、环形、树形及星形和环形的组合等形式。先进的CAD系统都是以网络的形式出现的，特别是在并行工程环境中，为了进行产品并行设计，网络更是必不可少的。在大中型企业中，单机CAD的工作方式将逐渐被淘汰，因为它远远不能满足现代企业设计的要求。

2.CAD软件的组成

为了充分发挥计算机硬件的作用，CAD系统还必须配备各种功能齐全的软件。软件分为两大类：支撑软件和应用软件。支撑软件包括操作系统（实现对硬件的控制和资源的管理）、程序设计语言（Fortran、Basic、C、二次开发语言和汇编语言）及其编辑系统，还有数据库管理系统（对数据的输入、输出、分类、存储、检索进行管理）和图形支撑软件（如 AutoCAD）。应用软件是根据本领域工程特点利用支撑软件系统开发的，解决本工程领域特定问题的应用软件系统。应用软件包括设计计算方法库（常用数学方法库、统计数学方法库、常规设计计算方法库等）和各种专业程序库（如有关产品设计的软件包等）。国内已经开发出众多的应用软件，主要包括基于 AutoCAD 平台和自主平台的两类应用软件。应用软件的性能对 CAD 的效率有极大影响，因此人们应特别重视它的开发和应用。

（二）计算机辅助绘图

人们在研究使用 CAD 的时候就不能绕开计算机辅助绘图，这是因为它是 CAD 发展到目前较为成熟的领域，以下是用计算机辅助绘图的几种较为常见的方法。

第一，利用图形支撑软件提供的尺寸驱动方式进行绘图，系统会自动将拓扑结构按照给定的约束转换成零件的几何形状和几何大小，这种方式大大提高了绘图效率，它也支持快速的概念设计。

第二，利用图形支撑软件提供的二次开发工具将一些常用的图素参数化，并将这些图素存在图库中。绘图时，人们根据需要从图库中按菜单调用有关图素，并将之拼装成有关的零件图形。由于图素已经参数化，人们在软件中可以方便地修改尺寸。这种利用参数化图素拼装成零件的绘图方法可以极大地提高绘图效率。

第三，采用三维造型系统完成零件的三维立体模型，然后采用投影和剖切方式由三维模型生成二维图形，最后再对二维图形进行必要的修改和补充并标注尺寸、公差和其他技术要求。目前比较先进的 CAD 系统都具有这种功能，这是最为理想的绘图方法，这种绘图方式一般均可提供相关修改功能。

（三）CAD 中的几何建模

1. 线框建模

线框建模是用线条表示物体上的轮廓、交线及棱线来反映物体的立体形状的模型。由于只通过棱边（直线、圆弧、圆）来描述物体的二维形状，所需信息量少，所占存贮空间也最少，是最简单的建模系统。

2. 表面建模

表面建模是通过对物体各种表面或曲面进行描述的建模方法，其能够避免线框模型中许多模棱两可的问题。表面建模常用于描述其表面不能用简单的数学模型进行描述的物体。表面建模一般都采用插值、逼近和拟合算法。表面建模的缺点是不存在各个表面之间相互关系的信息，因此人们不能用它表示零件的固体特性。

3. 实体建模

三维实体建模是目前应用最多的一种技术，它在运动学分析、物理特性计算、装配干涉检验、有限元分析方面都已成为人们不可缺少的工具。实体建模生成物体的方法有体素法、轮廓扫描法（二维平面封闭轮廓在空间平移或旋转形成实体）和实体扫描法（刚体在空间运动以产生新的物体）。

按在计算机内部定义几何数据的方式（数据的逻辑结构）来分，三维实体建模主要有构造实体几何法（CSG）和边界表示法（B-rep）两种。

GSG 法又称布尔模型，它是通过基本体素及它们之间的布尔运算（相加、相减、相交）来表示的。计算机内部存储的主要是物体的生成过程。因此，其数据结构成树状称为 GSG 树。CSG 法的缺点是信息表示不完整，但是对零件的修改却容易得多。

B-rep 法是用组成几何实体的面及面与面之间的联结关系的方式表示三维实体的方法。具体的表达方式是用"坐标值—点—边—面—物体"及这些"点、线、面"的拓扑构造来唯一地确定物体的几何形状及空间位置，因此能较全面地提供关于三维实体的点、边、面的信息。

这两种建模方法的结合又称为混合模式即 B-rep + GSG。混合模式是 B-rep 法和 GSG 法的组合，具有它们各自的长处。

二、计算机辅助制造

（一）关于计算机辅助制造的定义

通常，计算机辅助制造（CAM）有狭义和广义的两个概念。CAM 的狭义概念指的是从产品设计到加工制造之间的一切生产准备活动，它包括 CAPP、NC 编程、工时定额计算、制订生产计划和制订资源需求计划等，这是最初 CAM 系统的狭义概念。到今天 CAM 的狭义概念甚至更进一步缩小为 NC 编程的同义词。CAP 已被作为一个专门的子系统而工时定额的计算、制订生产计划、制订资源需求计划则划分给 MRP-Ⅱ/RP 系统来完成。CAM 的广义概念包括的内容则多得多，除了上述 CAM 狭义定义所包含的所有内容外，它还包括制造活动中与物流有关的所有过程（加工、装配、检验、存贮、输送）监视、控制和管理。

（二）数控系统及数控编程原理

1. 数控系统

数控系统是数控机床的控制部分，它根据人们输入的数控加工程序（即NC代码），通过读带机读取数控纸带上的信息，实现机床的加工控制。后来发展到计算机数控（CNC），其功能得到了很大的提高，可以将一次加工的所有信息一次性读入计算机内存，从而避免了频繁地启动读带机。

2. 数控编程原理

所谓数控编程是就计算机根据来自CAD的零件几何信息和来自CAPP的零件工艺信息自动或在人工干预下生成数控代码的过程。常用的数控代码有国际标准化组织（ISO）和美国电子工业协会（EIA）两种系统。其中，ISO代码是7位补偶代码，即第8位为补偶位；而EIA代码是6位补奇码，即第5列为补奇位。补偶和补奇的目的是便于检验纸带阅读机的读错信息。一般的数控程序是由程序字组成的，而程序字则是由用英文字母代表的地址码和地址码后的数字与符号组成的。系统中每个程序都代表着一个特殊功能，如G00表示点位控制，G33表示等螺距螺纹切削，M05表示主轴停转等。一般情况下，一条数控加工指令是若干个程序字组成的，如N012G00G49X070Y055T21中的N012表示第12条指令，G00表示点位控制，G49表示刀补准备功能，X070和Y055表示 X 和 Y 的坐标值，T21表示刀具编号指令。整个指令的意义是快速运动到点（70，55），一号刀取二号拨盘上刀补值。数控编程的方式一般有手工编程、数控语言编程、CAD/CAM系统编程、自动编程四种。

第三节　管理信息系统

一、管理信息系统定义

管理信息系统（MIS）是一个不断发展的新型学科，MIS的定义随着计算机技术和通信技术的进步也在不断更新，在现阶段人们普遍认为MIS是由人和计算机设备或其他信息处理手段组成并用于管理信息的系统。

管理信息由信息采集、信息传递、信息储存、信息加工、信息维护和信息使用六个方面组成。完善的 MIS 具有以下四个标准：确定的信息需求、信息可采集与可加工、可以通过程序为管理人员提供信息、可以对信息进行管理。具有统一规划的数据库是 MIS 成熟的重要标志，它象征着 MIS 是软件工程的产物，MIS 是一个交叉性综合性系统，其组成部分有计算机（网络通信、数据库、计算机语言等）、数学（统计学、运筹学、线性规划等）、管理学、仿真等学科。信息是管理上的一项极为重要的资源，管理工作的成败取决于能否做出有效的决策，而决策的正确程度则在很大程度上取决于信息的质量。因此，能否有效地管理信息成为企业的首要问题，管理信息系统在强调管理、强调信息的现代社会中被越来越广泛地应用。

二、管理信息系统作用

（一）管理信息是重要的资源

对企业来说，人、物资、能源、资金、信息是十分重要的资源。人、物资、能源、资金这些都是可见的有形资源，而信息是一种无形的资源。以前人们比较看重有形的资源，进入信息社会和知识经济时代以后，信息资源就显得日益重要。因为信息资源决定了如何更有效地利用物资资源。信息资源是人类在与自然的斗争中得出的知识结晶，掌握了信息资源，人们就可以更好地利用有形资源，使有形资源发挥更好的效益。

（二）管理信息是决策的基础

决策是人或计算机通过对客观情况、客观外部情况、企业外部情况、企业内部情况等信息的了解，做出的正确的判断和决策。因此，决策和信息有着非常密切的联系。过去一些凭经验或者拍脑袋的决策经常会造成决策的失误，因此人们越来越明确信息是决策性基础。

（三）管理信息是实施管理控制的依据

管理控制以信息来控制整个的生产过程、服务过程的运作，也靠信息反馈来不断地修正已有的计划，其依靠信息来实施控制。生产过程有很多事情不能得到很好地控制，其根源是人或计算机没有全面地掌握信息。

（四）管理信息是联系组织内外的纽带

企业跟外界的联系、企业内部各职能部门之间的联系也是通过信息沟通实现的。因此，企业要加强各部门的联系，以便协调地工作。信息是组织内外沟

通的一个纽带，没有信息管理，信息系统就不可能很好地沟通内外的联系和步调一致地协同工作。

三、管理信息系统基本功能

（一）计划功能

管理信息系统根据现存条件和约束条件为提供各职能部门的计划，如生产计划、财务计划、采购计划等，并按照不同的管理层次提供相应的计划报告。

（二）控制功能

管理信息系统可根据各职能部门提供的数据对计划执行情况进行监督、检查、比较执行与计划的差异、分析差异及产生差异的原因，辅助管理人员的控制工作。

（三）预测功能

管理信息系统可运用现代数学方法、统计方法或模拟方法，根据现有数据预测未来。

（四）辅助决策功能

管理信息系统会采用相应的数学模型从大量数据中推导出有关问题的最优解和满意解，辅助管理人员进行决策，以期合理利用资源，获取较大的经济效益。

四、管理信息系统适用条件

（一）规范化的管理体制

从目前国内一些企事业单位的情况来看，组织内部的机制改革，明确组织管理的模式，做到管理工作程序化、管理业务标准化、报表文件统一化、数据资料完整化与代码化是成功应用管理信息系统的关键。企业的管理信息系统必须具有市场信息管理、财务管理、原材料供应与库存管理、成本核算管理、生产计划管理、产品质量管理、人事与劳资管理、生产与管理流程管理等功能，而且所有功能都应该与总体目标一致，否则很难建立起一套切合企业实际，能够真正促使企业实现现代化管理的高效管理信息系统。

（二）具备实施战略管理的基础或条件

管理信息系统的建立、运行和发展与组织的目标和战略规划是分不开的。组织的目标和战略规划决定了管理信息系统的功能和实现这些功能的途径。管理信息系统的战略规划是关于管理信息系统的长远发展计划，是企业战略规划的一个重要组成部分。这不仅由于管理信息系统的建设是一项耗资巨大、历时长远、技术复杂的工程，更因为信息已成为企业的生命动脉，管理信息系统直接关系着企业能否持久创造价值，能否最终实现企业管理目标。一个有效的战略规划有助于在管理信息系统和用户之间建立起良好接口，可以合理分配和使用信息资源，从而优化资源配置，提高生产效率。一个好的战略规划有助于制定出有效的激励机制，从而激励员工更加努力工作，同时可以促进企业改革不断深化、激发员工的创新热情。这些正是建立管理信息系统的必要条件，离开良好的战略管理环境，即使管理信息系统实施取得成功，这种成功也不可能长久。

（三）挖掘和培训一批能够熟练应用管理信息系统的人才

一个项目能否得到成功实施，在很大程度上取决于其人才系统运行的状况和人才存量对项目目标、组织任务的适应状况。要在企业中成功实施信息化管理，企业就要配备相应的技术与管理人才。企业可以通过两个途径来解决这个问题：挖掘其他企业的人才和培训企业内部现有人才。

（四）健全绩效评价体系

实施管理信息系统是一场管理革命，因此必须有与之配套的准则把改革成果巩固下来。总体来说，健全的评价体系应该有助于激励员工最大限度地为企业创造价值；有助于企业将信息化与企业战略有机结合起来；有助于对企业绩效进行纵、横向比较，从而找出差距，分析原因；有助于企业合理配置信息化建设资源。当然，要实现这些目标还应建立绩效评价体系中的指标体系、配套的奖惩制度与监督制度等。人们要想判断企业是否具备建立管理信息系统所必需的绩效评价体系就要结合企业现状和同行业的相关数据进行分析，并且在实施过程中不断进行检验。若在推行管理信息化过程中一旦发现问题，就应当及时予以改进与完善。

五、管理信息系统开发过程

（一）规划阶段

系统规划阶段的任务是在对原系统进行初步调查的基础上提出开发新系统的要求，根据需要和可能，给出新系统的总体方案，并对这些方案进行可行性分析，编制系统开发计划和可行性研究报告两份文档。

（二）分析阶段

系统分析阶段的任务是根据系统开发计划所确定的范围，对现行系统进行详细调查，描述现行系统的业务流程，指出现行系统的局限性和不足之处，确定新系统的基本目标和逻辑模型，这个阶段又称为逻辑设计阶段。系统分析阶段的工作成果体现在系统分析说明书中，这是系统建设的必备文件。它是提交给用户的文档，也是下一阶段的工作依据。因此，系统分析说明书要通俗易懂，用户通过它可以了解新系统的功能，判断是否是其所需的系统。系统分析说明书一旦评审通过就是系统设计的依据，也是系统最终验收的依据。

（三）设计阶段

系统分析阶段回答了新系统"做什么"的问题，而系统设计阶段的任务就是回答"怎么做"的问题，即根据系统分析说明书中规定的功能要求，考虑实际条件，编制具体设计实现逻辑模型的技术方案，也即设计新系统的物理模型，所以这个阶段又称为物理设计阶段。它又分为总体设计和详细设计两个阶段，该阶段产生的技术文档是系统设计说明书。

（四）实施阶段

系统实施阶段的任务包括计算机等硬件设备的购置、安装和调试，应用程序的编制和调试，人员培训，数据文件转换，系统调试与转换等。系统实施是按实施计划分阶段完成的，每个阶段应写出实施进度报告，并且系统测试之后要写出系统测试报告。

（五）维护与评价

系统投入运行后，需要经常进行维护，记录系统运行情况，根据一定的程序对系统进行必要修改，评价系统的工作质量和经济效益。

第四节　产品数据管理系统

一、产品数据管理系统的基本概念

（一）产品数据管理系统的定义

单从字面上理解产品数据管理系统（PDM）是指某一类软件的总称。国外有公司曾这样定义：PDM 是一种帮助工程师和其他人员管理产品数据与产品研发过程的工具。PDM 系统确保跟踪设计、制造所需的大量数据和信息，并由此支持和维护产品。我们可以从产品及其生产过程这两个层面来进一步深入理解 PDM。

从产品来看，PDM 系统可帮助人们组织产品设计，完善产品结构修改，跟踪进展中的设计概念，及时方便地找出存档数据及相关产品信息。

从过程来看，PDM 系统可协调组织整个产品生命周期内诸如设计审查、批准、变更、工作流优化及产品发布等过程事件。

PDM 将所有与产品相关的信息和所有与产品有关的过程集成在一起。与产品有关的信息包括任何属于产品的数据，如 CAD/CAPP/CAF/CAM 的文件物料清单（BOM）、产品配置，事务文件、产品订单、电子表格、生产成本、供应商状况等信息，还有与产品有关的过程包括任何有关的加工工序加工指南和有关批准、使用权安全、工作标准和方法、工作流程机构关系等所有过程处理的程序。它包括了产品生命周期的各个方面，PDM 能使最新的数据被全部有关用户应用，包括工程设计人员，数控机床操作人员，财会人员及销售人员都能按要求方便地存取使用有关数据。

以上只是单纯从技术的角度给 PDM 下了一个定义。真正和完整意义上的PDM 是指企业内分布于各种系统和介质中关于产品及产品数据信息及应用的集成与管理。产品数据管理集成了所有与产品相关的信息。企业的产品开发效益取决于有序和高效地设计、制造及销售产品，产品数据管理有助于达到这些目的。

PDM 是依托信息技术实现企业最优化管理的有效方法，是科学的管理框架与企业现实问题相结合的产物，是计算机技术、信息技术与企业文化相结合的结果，是帮助企业、工程师和其他有关人员管理数据并支持产品开发过程的有力工具。产品数据管理系统保存和提供产品设计、制造所需要的数据信息，并提供对产品维护的支持，即进行产品全生命周期的管理。PDM 还有如下关的术语定义。

①电子数据库。电子数据库最通常的应用是提供生成、存储、查寻、控制存取、恢复、编辑、电子检查和记录电子对象的历史及通用文件。

②过程控制。其对任何工作流的形式进行过程控制，或在过程开始后进行任务控制，提供路线、驱动事件的动作，电子检查、历史、查寻、存取控制、恢复和对象的编辑。过程控制的基本能力是定义过程、调度和电子任务。

③结构。结构允许生成、命名、导航和多级的编辑一对一的关系及控制基于关系的对象。如果用户具有存储和控制大量电子信息的能力，那么维护不同信息段之间的关系是非常重要的。这一点对于某对象来说也是特别重要的。产品结构提供了连接一个对象到另一个对象的能力。

④配置管理与改变控制。配置管理与改变控制提供了生成、管理、导航和编辑一对一及一对多的关系。除简单的关系之外，许多公司采用由产品提供简单的结构能力来控制更完整的产品数据。这些公司要想控制配置和改变控制，就必须有强有力的关系控制。

⑤接口。用户接口的应用能够明显地减少由于信息组织方式改变和新的信息组织方式所造成的影响。

⑥集成。集成能保持多个模块紧密地贴在一起，它也把相关的其他工具紧密地贴在一起，包括操作系统、服务平台客户平台、数据库管理系统集成和开发工具及附加的应用等。

（二）实施 PDM 的意义

PDM 是一个相对较新的概念，尽管类似的概念已经存在很长一段时间了，但真正可用的商业化 PDM 系统出现还是 20 世纪 80 年代初期的事。随着技术的飞速进步，用来定义 PDM 基本功能的术语也不断发展。PDM 进行信息管理的两条主线是静态的产品结构和动态的产品设计流程，所有的信息组织和资源管理都是围绕产品设计展开的，这也是 PDM 系统有别于其他信息管理系统的关键所在。

PDM 是以整个企业作为整体，跨越整个工程技术群体促使产品快速开发和业务过程快速变化的使能器。另外，它还是能在分布式企业模式的网络上与其他应用系统建立直接联系的重要工具。

二、PDM 的体系结构

PDM 系统的体系结构可以分解为以下四个层次的内容。

第一层是支持层。目前流行的通用商业化关系型数据库是 PDM 系统的支持平台。关系型数据库提供了数据管理的最基本的功能，如存储、读取、删除、修改、查询等操作。

第二层是面向对象层。由于商用关系型数据库侧重管理事务性数据，不能满足产品数据动态变化的管理要求。因此，在 PDM 系统中往往采用若干个二维关系表格来描述产品数据的动态变化。PDM 系统将其管理的动态变化数据的功能转换成几个甚至几百个二维关系型表格，以实现面向产品对象管理的要求。

第三层是功能层。其面向对象层提供了描述产品数据动态变化的数学模型。在此基础上，人们根据 PDM 系统的管理目标在 PDM 系统中建立了相应的功能模块。这些模块分为两类，一类是基本功能模块，包括文档管理、产品配置管理、工作流程管理、零件分类和检索及项目管理等；另一类是系统管理模块，包括系统管理和工作环境。系统管理主要是针对系统管理员如何维护系统，确保数据安全正常运行的功能模块。工作环境主要保证各类不同的用户能够正常、安全、可靠地使用 PDM 系统，既要方便、快捷，又要安全、可靠。

第四层是用户层。其包括开发工具层和界面层的不同用户在不同计算机上的操作，因此 PDM 系统要提供友好的人机交互界面。根据各自的经营目标，不同企业对人机界面亦会有不同的要求。因此，在 PDM 系统中通常除了提供标准的、不同硬件平台上的人机界面外，还要提供开发用户化人机界面的工具，以满足各类用户的专门特殊要求。整个 PDM 系统和相应的关系型数据库都建立在计算机的操作系统和网络系统的平台上。同时，其中还有各式各样的应用软件，如 CAD、CAPP、CAM、CAE、CAT、文字处理、表格生成、图像显示和音像转换等。它们在计算机硬件平台上构成了一个大型的信息管理系统，PDM 将有效地对各类信息进行合理、正确和安全的管理。

三、PDM 在企业信息化中的作用

第一，PDM 是一种管理产品信息的工具。PDM 提供了对各种产品设计和制造与维护的信息进行存储、管理及控制的功能。标准的 PDM 软件可以用来对文字档案、图形档案及数据库记录进行系统的规划和管理，这些具体的工作包括产品形态管理、零组件定义及其他设计信息、规格、CAD 文件、几何模型、图像文件（扫描文件、照片等）、工程分析模型与分析结果、制造程序规划、NC 程序档案、产品软件组件、有关文件、标注等。

第二，PDM 可以管理版本资料，也就是信息的生命周期。简单来说就是跟随着产品的生命周期而传递的任何信息，人们都可以透过 PDM 系统去加以管理。现有的 PDM 系统都是通过电子资料室的观念来实现的。电子资料室经过权限设定并且可以控制资料仓库、登入与登出，其提供了信息存取的功能，并且发行管理保证了资料的一致性，同时提供了搜寻信息功能，使得非电子信息也可以被管理，而使用者无须知道资料存储在那里。

第三，PDM 除了管理设计阶段的信息之外，还能依照使用者的需求去管理生产概念、局部设计、样品试验、测试、制造与封装、运作及维修等阶段中的所有信息。PDM 同时管理信息与流程，它管理了产品信息、状态流程、权限及其他的行为模式对资料本身所产生的具体影响。通过 PDM 系统的帮助，使用者所获得的信息会是最即时的，并且准确和完整的信息。PDM 系统并非一定要在整个企业全面实施的一种管理系统。PDM 系统小到可以支持工作组，大到可以支持整个企业。PDM 系统除了能对全面实施产品数据管理的企业带来显著的效益，同样对一个工作组也可以产生显著的效益。PDM 提供了信息与过程的集成功能，将产品资料通过数据库进行存储是建立信息集成的必要条件，而提供曾经有哪些人以何种方式使用这些资料则是信息集成与维护的基础。如此，系统便可以保存资料与资料之间的关系，并且避免了资料不一致现象的发生。

第四，PDM 能够提供并行工程的环境。PDM 系统由于面向所有的使用者，具备广泛的流程控制与信息集成能力，从而为并行工程提供了的最佳环境，保证了并行工程的效益。如此企业便能够生产出较高品质的产品，以降低生产成本，节省开发时间，减少修改及设计错误的发生频度。

第五，PDM 软件能实现项目与相关的产品信息的统一管理。集成性项目管理提供了工作分解结构（WBS）及资源分配与项目追踪的功能，这种功能通常会与其他项目管理应用软件配合使用。这种将 WBS 及 PDM 集成的最大作用就是对产品组态的控制及对跨项目核准流程的管理。因此，WBS 用来监控各设计变更的资源与工作项目。当设计变更在不断进行时，资源及工作会不断地被运用与完成。当所有的工作项目都通过了核准流程后，则整个项目即结束。目前 PDM 在横向应用领域的功能包括流程管理、产品文档管理、BOM 管理、项目数据库管理。所谓的横向应用就是在任何一个 PDM 应用模块之中都会用到的应用功能。

第六，PDM 是一个管理、存取和控制与企业产品相关的所有数据与相关过程的系统。PDM 管理的是整个产品生命周期的产品信息，不仅是设计阶段的数据。PDM 应用面向对象的数据库，它不仅可以管理大量繁杂的数据信息同时也可以管理产品开发的全过程，如过程图纸信息，设计、审核、批准的过程，产品的零部件结构和材料标准。此外，PDM 在纵向应用领域的功能还包括了各种特定定制化表格背后的特殊应用。例如，特定客户的特定应用开发、各种特定产品的设计、分析软件模块的开发等。所谓的纵向应用，就是只有特定使用者的特定应用才会用到的功能。

四、PDM 技术

（一）分布式技术

基于网络的分布式计算技术也是近年来获得很大进步的技术之一。以分布式计算技术为基础，基于构件的系统体系结构将逐渐取代模块化的系统体系结构。在分布式计算技术的标准方面，一直存在着两大阵营，一个是以对象管理组织（OMG）组织为核心的公共对象请求代理体系结构（CORBA）标准，另一个是以微软为代表的基于 DCOM 的 ActiveX（是微软对于一系列策略性面向对象程序技术和工具的称呼）标准。近年来，OMG 组织在 CORBA 标准的制定和推广方面付出了巨大的努力，同时许多 CORBA 标准的产品也在逐渐成熟和发展；同时由于微软在操作系统方面的绝对统治地位，ActiveX 标准在Windows 系列平台上显得更加实用，相应的工具也更加成熟。目前这两大标准的争夺仍然没有结束，因此许多商品化软件多是同时支持两个标准。

（二）Java 语言

Java 从出现的第一天就成了计算机界的一个热点。Java 语言具有高度的可移植性、稳定性和安全性等优点，这些优点使它一经推出就获得了人们广泛的支持。Java 不仅仅是一种新的计算机语言，同时还是一种移动式的计算平台。Java 语言"一次编程，到处可用"的特点使它成为编写网络环境下移动式构件的最佳选择。将分布式计算框架和 Java 技术结合起来将是构造网络信息系统最理想的模式。

（三）基于 Web 的 PDM 系统

为了满足电子商务时代企业的需求，PDM 系统必须架构在 Internet/Intranet/Extranet 之上，必须提供企业产品开发的电子商务解决方案。这是新一代 PDM 技术和系统 PDM-Ⅱ的目标，也是解决国内企业采用 PDM 系统时所遇到的问题的基础。它们使企业能够以 Internet/Intranet 的发展速度快速超越其竞争对手，得到重要的战略利益。

第五节　网络制造与网络化制造技术

一、网络化制造

（一）网络化制造的基本含义

网络化制造也可以被称为"基于网络的制造"，它的基本含义是：首先利用企业内部的网络（即 Intranet）实现产品设计、制造及管理系统等各子系统的集成，进而通过 Internet 搜索产品的市场供求信息，发现合适的产品及生产合作伙伴，建立动态联盟，开展产品的合作开发设计、制造及销售等工作。

（二）网络化制造的主要特点

1. 组织结构扁平化和网络化

机器延伸了人的手脚，计算机和网络技术延伸了人的大脑，使管理者的管理幅度变大、变宽，高层管理者可以和执行者之间建立直接的联系，中层管理机构失去存在的必要性，使组织机构扁平化，而每一个脑力劳动者将是企业的基本单位，他们可以根据工作需要自由组合，使组织网络化。

2. 经营直接化和角色模糊化

计算机网络使生产者与消费者之间可以建立直接联系，而使中间商失去市场，并密切了关系生产者与消费者之间的关系，消费者可以通过网络将自己的意见加入生产过程而成为部分生产者，这使生产者与消费者之间的界限变得模糊了。

（三）网络化制造的运行机制

网络经济使得制造环境发生了根本性的变化：制造业面临全球性的市场、资源技术和人员竞争。开放的市场使得消费者更具有选择性，个性化、多样化的消费需求使得市场快速多变，不可捉摸，无法预测。客户化、小批量、多品种、快速交货的生产要求不断增加，各种新技术的涌现和应用更加剧了市场的快速变化。市场的动态多变性迫使制造企业改变策略，时间因素被提到首要地位，制造业的竞争将是柔性和响应速度的竞争。从运行机制上来说，网络化制造是一种信息和资源共享、以市场需求为驱动的、具有快速响应能力的机制。基于网络的制造又是一种正反馈机制。Internet本身就是一种正反馈的发展结果，具有自增强、自组织的性质。网络经济是一种注意力经济，由于网络中信息的无限性和人的认知空间的有限性，上网的企业总是要想方设法把客户的注意力吸引到自己的站点上来。因此，对客户注意力的争夺就是对市场的争夺，而谁吸引了较多客户的注意力谁就有可能吸引更多的客户注意力，获取更大的效益。

二、网络化制造工程及其关键技术

（一）网络化制造工程建设的总体目标

网络化制造工程的建设是在 Internet/Intranet 环境下进行时，以企业需求为牵引，以高新技术为依托，集成各种相关资源并实现充分共享，为进行产品异地设计与制造、技术协同研究与开发及企业间开展各种电子商务提供一个完备和可靠的支撑平台，提供有关企业、产品、技术、人才等多方位的智能化信息服务，形成一个集传统制造业、服务于传统制造业的高新技术企业和拥有众多高新技术成果的高校和研究院所为一体的网络化制造支持环境。"区域性网络化制造工程"将并行工程、虚拟制造、虚拟企业等先进制造理念及方法和技术引入制造业，结合区域内的人才和技术优势，以提高制造业的竞争力，提升区域制造业市场竞争能力和地位为目标。通过网络化制造工程的实施，企业可以以高新技术带动传统制造业发展。在信息技术、网络技术的支持下，企业可以实现对传统制造业的结构调整、资源合理配置、优化组合。网络化制造服务平台把区域制造资源集成起来，发挥区域内技术、人才优势，提升了制造企业的快速反应能力和市场竞争能力。

（二）网络化制造的共性关键技术

1. 支撑与集成技术

第一，标准化技术。网络化制造工程的企业标准化技术主要包括结构构成类的标准化（体系结构、需求定义、设计方法、实施指南、功能视图、信息视图、资源视图、组织视图的标准构件块等）、支撑环境类的标准化（网络体系结构、接口规范、网络管理、数据库、工厂自动化、小办公自动化协议、MAP/TOP 标准、软件规范、中文信息处理、制造报文服务规范 MMS、工业系统要求的通信结构等）、单元技术类的标准化（CAD/CAPP/CAM/PDM 接口标

准、图形数据交换规范 IGES、图形核心系统 GKS、图形软件与硬件接口、产品数据表达和交换标准 STFP、IQS 体系结构参考模型、质量数据交换规范、零件分类编码系统结构标准、生产单元规划、设计规范、数控机床、数控系统间的接口规范、产品文档信息标准 SGML、商务信息标准化 EDI、网络信息标准化 HTML/XML）及基础类的标准化（术语规范、信息处理，包括数据流程图、系统流程图、程序网线图、系统资源图的文件编制符号及约定等）。

第二，网络化工程的安全技术。在网络化制造工程中，支持企业信息、数据共享与交换的，基于 Internet/Intranet 的集成安全系统与机制具有特别重要的意义，它是整个网络化制造工程成败的关键。从大的方面讲，安全问题可以分为网络安全与信息安全两方面，信息安全是指企业数字化过程中，自身的数据资源、信息的安全存放与安全使用；网络安全是指系统内部的所有数据都可以受到保护，不会因为偶然或者是恶意的原因遭到破坏。

2. 基于网络的协同设计和制造技术

产品设计技术基于现代设计理论和方法，应用微电子、信息、管理等现代科学技术，以达到提高产品质量、提高产品的功能缩短产品开发周期为目的。基于网络的协同设计和制造技术的主要研究内容包括协同设计、虚拟设计、协同制造。

第五章　制造业数字化转型

第一节　数字化设计与制造概述

一、数字化设计与制造技术背景

随着信息技术的迅速发展及其与制造的融合，制造业日益走向数字化。数字化技术已经渗透到产品研制的设计、制造、试验和管理的全过程中，出现了飞机产品数字化定义、虚拟制造、仿真等单元技术。

数字化设计与制造技术是信息技术与制造技术融合形成的先进制造技术，是指一种利用数字化定量表述、存储、处理和控制信息的方法，是支持产品生命周期和企业的全局优化的制造技术。它是在计算机网络技术与制造技术不断融合、发展和广泛应用的基础上产生的全新技术。

数字化技术的应用已经深入制造业的各个环节，并且还有进一步发展的势头，它包括了生产过程中所有的资源和过程，从根本上减少了资金、时间和劳动力投入，并且减少了人的劳动强度。由于成本和时间是影响企业发展的关键因素，因此现在世界级的企业都在发展快速反应、经济的先进制造技术。

数字化技术可大大缩短产品的研制周期，有利于在设计阶段就发现存在的问题，降低开发制造成本，也有利于节省材料，实现节能减排。国外非常重视数字化制造技术在制造业中的研究和应用。美国将数字化制造等先进制造技术列入国防关键技术计划和国防科技发展战略，日本、德国制定了相应的数字化制造和智能制造系统计划及工业基础技术研究计划。国外航空航天领域也已广泛和深入采用了数字化制造模式，并取得了非常显著的成效。

与传统研制技术体系相比，数字化设计、制造、管理体系的内涵发生了根本性的变化。数字化制造技术的内涵特征包括以下几点。

①产品数字化。

②设计数字化。

③试验数字化。

④制造数字化。

⑤飞行数字化。

⑥管理数字化。

二、数字化设计与制造的内涵及学科体系

数字化设计（DD）是以实现新产品设计为目标，以计算机软硬件技术为基础，以数字化信息为辅助手段，支持产品建模、分析、修改、优化及生成设计文档的相关技术的有机集合。因此，任何以计算机图形学（CG）为理论基础、支持产品设计的计算机软硬件系统都属于产品数字化设计技术的范畴。广义的数字化设计技术涵盖以下内容。

第一，利用计算机进行产品的概念化设计、几何造型、虚拟装配、工程图生成及设计相关文档。

第二，利用计算机进行产品外形、结构、材质、颜色的优选及匹配，以满足顾客的个性化需求，实现最佳的产品设计效果。

第三，利用计算机分析产品公差、计算质量特性、计算体积和表面积、分析干涉现象等。

第四，利用计算机对产品进行有限元分析、优化设计、可靠性设计、运动学及动力学仿真验证等，以实现产品拓扑结构和性能特征的优化。

其中，第一、第二两项在产品的数字化开发中具有重要地位，它为数字化开发提供了基础的产品模型数据，可以为数字化仿真、数字化制造阶段节省大量的建模时间，减少因重新建模而可能产生的错误。狭义的数字化设计只包含第一、第二两项，也就是计算机图形学和计算机辅助设计所涵盖的内容。第三、第四两项的内容则属于计算机工程辅助分析（CAE）技术涵盖的范围，也是数字化仿真（DS）技术的一部分。

数字化仿真技术是以产品的数字化模型为基础，以力学、材料学、运动学、动力学、流体力学、声学、电磁学等相关理论为依据，利用计算机对产品的未来性能进行模拟、评估、预测和优化的技术。数字化仿真技术涉及很多的分析内容，如产品的运动学和动力学分析、材料的成形过程分析、噪声及振动分析、电磁场环境分析、生产线的性能分析等。其中，应用最为广泛的数字化仿真技

术是有限元法（FEM）。它可以用于确定零件或结构的应力、变形、热传导、磁场分布、流体运动及其他连续场问题等。此外，还有很多的结构设计优化软件工具，它们也可归类为数字化仿真工具。

对于新产品开发而言，数字化仿真技术的最大优点在于：在无须建造物理样机和进行物理测试的前提下，它可以使设计者或工程师提前发现设计缺陷或错误，从而极大地降低产品的开发成本、缩短产品的开发周期。实际上，数字化仿真已成为产品开发不可或缺的手段，国内外知名的制造企业无不非常重视在数字化仿真技术方面的投入及应用。

数字化制造（DM）技术以产品制造过程的规划、管理、控制为对象，以计算机作为直接或间接工具。其中，数控（NC）技术是数字化制造技术最为成熟的应用领域。它利用数字化的编程指令来控制数控机床及其刀具，以实现车削、铣削、磨削、钻孔、镗孔、冲压、剪切、折弯等加工操作，并最终实现零件的成形加工。随着数字化设计与数字化制造技术集成，越来越多的数控编程指令可以直接根据产品的几何模型生成，从而有效地提高了产品开发的速度和质量。

制造工艺规划也是数字化制造的一个重要研究领域。所谓制造工艺规划就是根据零件的结构及工艺特点，在考虑生产成本、效率及企业生产设备的前提下，确定零件制造及装配的步骤安排的技术文件。传统的制造工艺规划都是基于人的经验编制的，存在很大的随机性和不确定性。计算机辅助工艺规划（CAPP）技术则是试图利用计算机技术实现制造工艺的自动生成及优化。虽然要实现所有零件制造工艺编制的自动化目前仍不太现实，但是利用 CAPP 技术实现相似零件制造工艺规划的自动编制还是取得了很大进展。目前，国内外已经有很多成熟的商品化 CAPP 软件。

实现 CAPP 的重要理论基础是成组技术（GT）。它利用相似性理论，将具有类似加工特征的零件进行分类，如槽、轴、孔等。在制造过程中人们要想获取加工特征，以判断零件的相似性，从而使相关设备自动地将零件进行分类，就要利用基于特征的产品数字化模型数据。

近年来，机器人在产品制造中得到越来越多的应用。通过数控编程，人们可以控制机器人完成上下料、抓取、焊接、定位、零件装夹、装配等操作，这既有利于提高产品的制造精度及效率，也有利于改善工人的生产环境。另外，计算机还可以在订单管理、原材料需求、设备需求、设备监控、生产控制及调度、工时管理、人员管理等环节发挥重要作用。从产品开发的角度看，上述环节也是产品数字化制造的重要研究内容。目前，已经有不少商品化计算机软件系统可以对上述环节进行有效管理和控制，如物料需求计划（MRP）、制造资源计划（MRPI）及企业资源计划（ERP）等。

数字化设计、数字化仿真和数字化制造技术分别关注产品生命周期的不同阶段。单独地应用其中的某项技术会在产品开发中形成一个个的"信息孤岛"，既不能充分发挥数字化开发技术的特点，也影响产品的开发效率和质量。因此，近年来各种数字化开发技术开始交叉、融合、集成，从而形成了体系更完整、信息更畅通、效率更显著、使用更方便的产品数字化开发集成技术。

实现产品集成化、数字化开发的关键技术有单一数据库技术、网络技术及产品数据交换标准等。单一数据库技术是指就某一特定的产品而言，它在数据库中的所有信息是单一的、无冗余的、全相关的，用户对该产品所作的任何一次改动都会自动实时地反映到产品的其他相关数据文件中。此外，现代网络技术与环境为产品不同开发阶段的信息交流及共享提供了理想工具，而有关产品数据及产品数据交换的国际或行业标准也为信息准确获取和交流提供了基本条件。

三、数字化设计与制造技术的特点

数字化设计与数字化制造是以计算机软硬件为基础，以提高产品开发质量和效率为目标的相关技术的有机集成。与传统产品开发手段相比，它强调计算机数字化信息和网络技术在产品开发中的作用，具有以下特点。

（一）计算机和网络技术是数字化设计与制造技术的基础

与传统的产品开发相比，数字化设计与制造技术建立在计算机技术之上。它充分利用了计算机的优点，如强大的信息存储能力、逻辑推理能力、重复工作能力、快速准确的计算能力、高效的信息处理功能等，极大地提高了产品开发的效率和质量。

随着网络和信息技术的日趋成熟，以计算机网络为支撑的产品异地、异构协同，并行开发成为数字化设计与制造技术的发展趋势，也成为现代产品开发不可或缺的技术手段。

（二）计算机只是产品数字化设计与制造的辅助工具

尽管计算机具有诸多优点，有助于提高产品开发的质量和效率，但它只是人们从事产品开发的辅助工具。首先，计算机的计算和逻辑推理等能力都是人们通过程序赋予的；其次，新产品开发是一种具有创造性的活动，目前的计算机还不具有创造性思维，但是人具有创造性思维，人能够针对所开发的产品进行分析和综合，再将之转换成适合计算机处理的数学模型和解算程序，同时人还可以控制计算机及程序的运行，并对计算结果进行分析、评价和修改，选择优化方案；最后，人的直觉、经验和判断是产品开发中不可缺少的，也是计算机无法代替的。人和计算机的能力在大多数方面都是互补的。就计算能力而言，计算机的优势非常明显，它具有计算速度快、错误率低、精度高等优点，可以完成数值计算、产品及企业信息管理、产品建模、工程图绘制、有限元分析、优化计算、运动学和动力学仿真、数控编程及加工仿真等任务，是产品开发的重要辅助工具。对一些复杂的产品开发过程（如产品结构优化、有限元分析、复杂模具型腔的数控加工程序编制等）离开计算机的参与人就难以完成。计算机还具有强大的数据存储能力，能够在数据存储、管理、检索中发挥重要作用。传统的产品开发，技术人员往往需要从大量的技术文件、设计手册中查找相关的数据信息，效率低下，而且容易出错，利用计算机和数据库管理技术可以实现数据高效和有序的存储、检索和使用，从而使技术人员可以全身心地投入具有创造性的产品开发工作中。

总之，在产品的数字化设计与制造过程中，人始终具有最终的控制权、决策权，计算机及其网络环境只是重要的辅助工具。只有恰当地处理好人与计算机之间的关系，最大限度地发挥各自的优势，才能获得最大的经济效益。

（三）数字化设计与制造能提高产品质量、缩短开发周期、降低生产成本

计算机的信息存储能力可以存储各方面的技术知识和产品开发过程所需的数据，为产品设计提供科学依据。人机交互的产品开发，有利于发挥人机的各自特长，使得产品设计及制造方案更加合理。人们通过有限元分析和产品优化设计可以及早发现设计缺陷，优化产品的拓扑、尺寸和结构，克服了设计工作以往被动、静态、单纯依赖人的经验的缺点。数控自动编程、刀具轨迹仿真和数控加工保证了产品的加工质量，大幅度减少了产品开发中的废品和次品。

此外，基于计算机及网络技术，数字化设计与制造技术将传统的产品串行开发转变为产品并行开发可以有效提高产品开发质量，缩短产品的开发周期，降低产品生产成本，加快产品更新换代速度，提高产品及生产企业的市场竞争力。

（四）数字化设计与制造技术只涵盖产品生命周期的某些环节

随着相关软硬件技术的成熟，数字化设计与制造技术越来越多地渗透到产

品开发过程中，成为产品开发不可或缺的手段。但是，数字化设计与制造只是产品生命周期的两大环节。除此之外，产品生命周期还包括产品需求分析、市场营销、售后服务及生命周期结束后材料的回收利用等环节。

另外，在产品的数字化设计与制造过程中还涉及订单管理、物料需求管理、产品数据管理、生产管理、人力资源管理、财务管理、成本控制、设备管理等数字化管理环节。这些环节与数字化设计与制造技术密切关联，直接影响产品数字化开发的效率和质量。数字化设计、数字化制造及数字化管理的有机结合，可以从根本上提升企业的综合竞争能力。

第二节　数字化设计与制造系统组成

数字化设计与制造是数字化技术在产品开发中的应用，其中某些设备或技术是数字化产品开发所特有的。总体上，数字化设计与制造系统包括硬件系统和软件系统两部分。其中，软件是数字化设计与制造系统的灵魂所在，其又可分为系统软件、支撑软件和应用软件三个层次；硬件是实现产品数字化开发的物质基础，包括计算机、网络设备、存储设备、输入与输出设备及制造设备等，其主要是为数字化设计与制造提供基本的计算、存储、输入与输出和加工等功能。

一、数字化设计与制造系统的硬件组成

数字化设计与制造系统的硬件系统主要由计算机、存储装置、输入与输出设备及网络设备等组成。

在产品数字化开发中，计算机在人与产品之间扮演着中介和桥梁的角色。它执行操作人员输入的运算和控制指令，控制相关软硬件活动，如内存与外设之间的信息交换、终端设备管理和输出设备的图形输出等。

（一）存储设备

存储器是计算机中用来存储程序和数据的单元，可以分为内部存储器（内存）和外部存储器（外存）。

1. 内部存储器

内存直接与 CPU 相连，存放当前要运行的程序和数据，也称为主存储器。内存的特点是存取速度快，价格较贵，容量相对较小。一般地，数字化设计和制造软件功能越强大，产品模型越复杂，运行时需要占用的内存空间越大，因

此增加计算机内存容量有利于提高系统的运行速度。CPU 和内存合起来称为计算机主机。为简化计算机的操作和维护，人们通常将 CPU、内存、输入与输出设备、系统功能扩展卡及电源等元器件集中安装到一块印刷电路板上，称为主板。主板是计算机的关键部件，它的性能和质量在很大程度上决定了整机的性能、质量与可靠性。目前，数字化设计与制造软件的功能日益强大，系统也日趋复杂，安装时需要占用的存储空间也越来越大。根据系统功能和结构的不同，存储空间从几十兆到数千兆不等。

2. 外部存储器

外存也称为辅助存储器，主要用于保存暂时不用但又需要长期保存的程序或数据，或作为文件备份，也可以弥补内存的不足。它通过专门的输入输出接口与主机相连。外部存储器既是输入设备，也是输出设备。与内存相比，外存的存取速度相对较慢，但价格相对便宜，存储的信息量大。此外，存放在外存中的数据必须调入内存中才能运行。

总体上，外部存储器可以分为磁表面存储器和光存储器两大类。磁表面存储器是将磁性材料沉积在盘片基体上形成记录介质，并在磁头与记录介质的相对运动中存取信息。磁表面存储器可以分为磁带和磁盘两种。其中，磁带按顺序存取，存取时间较长，可以作为磁盘的后备品，用于保存永久性的档案文件，目前已较少使用。硬盘的存储量大，读、写信息的稳定性较好，存取信息的速度快，使用最为普遍，人们可根据需要选用容量较大的硬盘或形成硬盘阵列。一般硬盘内置于计算机的机箱内。若以笔记本硬盘为基础并配置特定的硬盘盒则可构成移动硬盘。移动硬盘具有体积小、质量轻、操作简便等优点，通过通用串行总线（USB）接口可实现与计算机之间的数据读出、存取，是便携式大容量存储系统。移动硬盘对产品的数字化开发具有重要意义。

另外，利用闪存技术和 USB 接口的存储器也得到了广泛应用。闪存体积小、便于携带、使用方便等优点，目前闪存的存储容量已有数千兆，可以方便地存储文件和在计算机之间交换数据。

3. 光盘

光存储器主要是光盘。它采用激光技术进行信息存取，具有容量大、寿命长、携带方便等优点。按照读写功能的不同，光盘又可分为只读光盘（CD-ROM）、一次写入性光盘（WORM）、可读写光盘（E-R/W）等。

（二）输入／输出设备

上述存储设备都可以作为数据的输入和输出设备。除此之外，数字化设计与制造系统的输入设备主要有光标控制设备、键盘及其他输入设备。光标是屏幕上的一个亮点，常用于交互式设计中。例如，画直线时定起点、终点位置；画圆时指出圆心位置等。光标控制设备包括光笔、鼠标、数字化板及键盘等。目前，键盘和鼠标是应用最为广泛的光标控制和输入设备。

1. 键盘

键盘是一种最常用的输入设备，它的基本功能是输入命令或数据。键盘上一般设有数字字符键和功能键，数字字符键用来输入数字和字符；功能键的功能可以事先定义，使其完成一定的功能，按下功能键即意味着调用相应的子程序完成相应操作。键盘和其他输入设备配合使用，可以实现人机对话，修改、编辑字符和图形。在不同数字化系统中，各功能键的功能不尽相同。

2. 鼠标

鼠标是图形化软件系统中普遍使用的输入设备。从工作原理上看，其有机械式和光电式等类型。机械式鼠标的底部有一个小球，拖动鼠标时，小球转动，传感器通过检测小球在两个垂直方向上的移动距离，将其转换为数字量输入计算机中。光电式鼠标的底部装有光电管，当鼠标移动时，光源发出的光经过反射后的信号被鼠标器接收并送入计算机，从而控制屏幕光标移动。光电式鼠标的最大优点是没有滚轮和小球，无须清洁鼠标，环境适应性强。此外，光电式鼠标的移动精度较机械式鼠标高。在数字化设计及制造软件中，鼠标的中键（或滚轮）有着特殊的作用，可以完成动态缩放或平移等功能，对于提高作业效率具有重要意义。近年来，一种新型的鼠标器——3D 振动鼠标开始出现。它不仅有普通鼠标的功能，而且还有全方位立体控制能力，有前、后、左、右、上、下六个移动方向，而且可以组合出前右、左下等移动方向。此外，它具有振动，即触觉回馈功能。

3. 扫描仪

扫描仪是一种新的输入设备，经过光电扫描转换装置，其就可以将文字、图形的像素特征乃至几何特征输入计算机中。这种输入方式对已有图样建立图形库具有重要意义。扫描仪的精度用 25.4mm（每英寸）的点数（DPI）来衡量。DPI 值越大，扫描的图像越逼真。另外，扫描还可以分为彩色、黑白等类型。近年来，三维立体扫描技术也趋于成熟。

4. 坐标测量设备

一般新产品开发存在两种不同模式：一是从市场需求出发，历经概念设计、结构设计、加工制造、装配检验等产品开发过程，其被称为产品开发的正向工程；二是以已有产品为基础，进行消化、吸收、改进和创新，使之成为新产品，其被称为逆向工程。

随着数字化设计与数字化制造技术的成熟，以 CAD/CAM 软件为基础的逆向工程得到了广泛应用。它的基本工作过程是采用特定的测量设备和测量方法对实物模型进行测量，以获取实物模型的特征参数，在计算机中将所获取的特征数据进行重构以重建对象模型，再对重建模型进行必要的分析、改进和创新，经数控加工或快速原型制造后得到创新后的产品。其中，逆向对象坐标数据的获取是逆向工程中的基础信息，也为产品后续的数字化设计与制造过程奠定了基础。当逆向对象的结构复杂时，常规、手动测量方法难以获得产品的准确数据。1959 年，英国费伦蒂（Ferranti）公司研制成功世界上第一台坐标测量机（CMM）样机。此后，人们在坐标测量原理、机械系统结构、控制系统结构、测量数据处理和测量精度等方面取得了很大进展。

（三）输出设备

1. 图形显示器

图形显示器也被称为监视器，它以字符和图形动态地显示操作内容和运行结果，是计算机中主要的输出设备之一。常用图形显示器的核心部件是阴极射线管（CRT）。阴极射线管内装有电子枪，电子枪会发射高速、精细聚焦的电子束，阴极射线管的另一端是屏幕，屏幕上涂有荧光粉，当电子束轰击在屏幕上时屏幕就会发光。电子束扫过后，荧光粉的光会迅速衰减。因此，电子束需要以一定的频率扫描才能获得稳定的画面。

根据扫描方式的不同图形显示器可以分为随机扫描显示器、直视存储管显示器和光栅扫描显示器。在图形方式下，人们将显示屏按行、列分割为许多大小相等的显示单位，它们被称为像素。像素是最小显示单位，每个像素可以有不同的颜色和亮度。分辨率是显示器的重要性能指标，它是指显示器在水平方向和垂直方向分别划分为多少个像素。例如，分辨率 1024×768 表示显示器水平方向有 1024 个像素，垂直方向有 768 个像素。显然，像素越多分辨率越高，图形显示效果越好。一般地，像素个数从 256×256 到 1280×1240 不等，甚至更多。

在产品数字化开发过程中会涉及大量的图形显示和操作，如旋转、缩放、平移、局部视图、渲染等。因此，其对显示器分辨率有较高要求。

液晶显示器（LCD）因具有体积小、携带方便、省电辐射小等优点，在笔记本计算机及台式计算机中得到广泛应用。

2. 绘图设备

绘图设备是数字化开发系统中另一类常用的输出设备，主要有打印机和绘图仪两种。

打印机可以通过并口、USB 接口等与计算机连接。打印机是最常见的图形硬拷贝设备，根据打印原理的不同，可分为撞击式和非撞击式两类。撞击式打印机，如针式打印机由打印头、字车机构、色带机构、输纸机构和控制电路等部分组成。撞击式打印机噪声大、效率低、质量差，在数字化产品开发中已逐渐被淘汰。

非撞击式打印机有喷墨打印机、激光打印机、静电复印技术等。其中，喷墨打印机是将墨水通过喷墨管喷射到打印纸上，再加热烘干的打印机。与撞击式打印机相比，喷墨打印机有速度较快、质量好、噪声低的优点。激光打印机是利用碳粉附着在纸上而成像的一种打印机，它的工作原理是利用激光打印机内一个控制激光束的磁鼓控制激光束开启和关闭，当纸张在磁鼓间卷动时，上下起伏的激光束会在磁鼓产生带电核的图像区，此时打印机内部的碳粉会受到电荷的吸引而附着在纸上，形成文字或图像。碳粉属于固体，而激光光束有不受环境影响的特性，因此激光打印机可以长年保持印刷效果清晰细致，打印效果好，且噪声低、分辨率高。

衡量打印精度的主要参数是分辨率，即每英寸打印的点数（DPI）。分辨率数值越大表示打印机的打印精度越高。衡量打印速度的参数是连续打印时每分钟的打印页数。

随着数字化技术的完善，在产品开发过程中图纸的作用已经不如早先那么重要。但是截至目前，多数产品还未实现真正意义上的"无纸化"开发，在某些场合图样还是必不可少的。

由于打印机的幅面较小，难以满足产品开发的需求，因此人们以产品数字化模型为基础，利用绘图仪打印大幅面的工程图或装配图。总体上，绘图仪可以分为滚筒式和平板式两种类型。平板式绘图仪绘图精度较高，笔的运动步距可达 0.001mm，但是幅面（长度）有限。滚筒式绘图仪价格较便宜，绘图长度不受限制，绘图质量较高，得到了广泛应用。滚筒式绘图仪将不同颜色的笔安装在笔架上，需要时从固定位置取出，依靠笔在横梁上的运动和滚筒带动绘图纸的运动，完成线条绘制。绘图仪的主要性能指标有最大绘图幅面、绘图速度、绘图精度、重复精度、机械分辨率和可寻址分辨率等。

不同的数字化设计与制造系统对计算机硬件的要求不尽相同，如硬盘空间、内存大小、显示器分辨率、打印机及绘图仪的精度和幅面等。

二、数字化设计与制造系统的软件组成

除硬件设备外，数字化设计与制造系统还必须配备相应的软件。没有软件的支持，硬件设备将不能发挥作用。实际上，软件决定了系统的功能强弱、效率高低和使用的便捷性，从某种意义上说软件是产品数字化开发系统的灵魂。与通用的软件相比，数字化设计与制造软件的特点主要体现在软件系统功能、用户界面等方面。它面向产品设计、分析与制造过程，提供了产品建模、分析和编程等工具，这是一般通用软件所不具有的。总体上，数字化开发软件可以分为系统软件、支撑软件和应用软件三种类型。

（一）系统软件

系统软件的功能是管理、监控和维护计算机中的资源，使计算机能够正常、高效地工作，使用户能有效地使用计算机。系统软件主要包括操作系统和网络通信协议等。操作系统是系统软件最基本的组成部分，是用户与计算机硬件之间的接口，处于软件系统的最底层，负责全面管理计算机资源，合理地组织计算机的工作流程，以便使用户能更方便地使用计算机，提高计算机的利用率。操作系统的主要功能：第一，存储器管理和调度；第二，CPU 管理和调度；第三，输入与输出设备管理；第四，文件系统及数据库管理。根据操作系统功能和工作方式的不同，操作系统可以分为单用户系统、批处理系统、实时系统、分时系统、分布式操作系统等。人们常用的操作系统有 Windows、UNIX、Linux 等。

（二）支撑软件

支撑软件是为满足系统用户的某些共同需要而开发的通用软件。在数字化设计与制造系统中，常用的支撑软件包括图形处理软件、几何造型软件、数据库管理系统、图形交换标准等。

1. 图形处理软件

图形处理软件可以分为二维图形软件和三维图形软件。常用二维图形软件的基本功能有：产生各种图形元素，如点、线、圆等；图形变换，如放大、平移、旋转等；控制显示比例和局部放大等；对图形元素进行修改和编辑等操作；

尺寸标注、文字编辑、画剖面线等；图形输入与输出。计算机硬件及图形设备发展迅速，更新换代的速度很快。图形软件开发需要耗费极大的人力和物力，算法相对固定，不应随着硬件的变化而修改，否则将造成很大的浪费。

2. 图形数据交换标准

为了使图形软件能够方便地在不同计算机和图形设备之间移植，业界和国际标准化组织（ISO）制定了一系列图形软件标准。目前，常用的图形软件标准有：计算机图形接口标准（CCI），它是一种图形设备驱动程序的标准，提供了一种控制图形硬件与设备无关的方法；初始图形转换规范（IGES），它定义了和非几何数据的格式及相应的文件结构，解决了不同 CAD 系统之间交换图形数据的问题，成为应用最广泛的数据交换标准；图形核心系统（GKS），它定义了一个独立于语言图形系统的核心，提供了应用程序和图形输入、输出设备之间的功能接口，包含了基本的图形处理功能，处于与语言无关的层次；产品模型数据交换标准（STEP），其旨在产品生命周期内实现产品模型的数据交换，它具有统一的产品数据模型，已成为新的产品模型数据交换标准。

3. 几何造型软件

几何造型软件用于在计算机中建立物体的几何形状及其相互关系，为产品设计、分析和数控编程等提供必要的信息。要实现产品的数字化开发，首先必须建立产品的几何模型，后续的处理和操作都是在此模型基础上完成的。因此，几何造型软件是产品数字化开发系统不可缺少的支撑软件。根据所产生几何模型的不同，几何造型方法可以分为线框造型、表面造型和实体造型三种基本形式，产生的相应模型分别为线框模型、表面模型和实体模型，它们之间基本上是从低级到高级的关系，高级模型可以生成相应的低级模型。目前，多数开发系统都同时提供上述三种造型方法，并且三者之间可以相互转换。

20 世纪 80 年代以后，特征造型技术成为产品模型的重要发展方向，它可提供产品的形状特征、精度特征、材料特征、加工特征等信息，为产品的数字化、集成化开发创造了条件。

4. 数据库管理系统

在产品的数字化设计和制造过程中，计算机需要处理大量的数据。从信息的角度看，产品的数字化开发就是信息输入、分析、处理、传递及输出的过程，这些数据中有静态数据，如各种标准、设计规范的数据等；也有动态数据，如产品设计中不同版本的数据、数字化仿真的结果数据、各子系统之间的交换数据等。实际上，在产品数字化开发过程中，各种输入、查询、对话框、显示、输出及文件保存等操作都与数据库密切相关。因此，数据管理是产品数字化开发中非常重要的一部分。早期产品开发过程中的数据主要是通过文件的形式来管理，如将各种标准以数据文件的形式存放在磁盘中，各模块之间的信息交换也是利用数据文件。这种文件管理简单易行，只需要利用操作系统的功能就可实现，不需要附加任何的管理软件。但是，文件系统不能以记录或数据项为单位共享数据，导致数据大量冗余，使数据增加和删除困难。为克服文件管理存在的缺点，人们研发了数据库技术。采用数据库系统管理数据时，数据按一定的数据结构存放在数据库中，由数据库管理系统（DBMS）统一管理。数据库管理系统提供了各种管理功能，如数据存放、数据删除、数据查找和数据编辑等。人们利用数据库管理系统的命令可以完成各种数据操作。

数据库系统的优点：第一，编制应用程序时无须考虑各种标准数据的管理；第二，数据独立于程序，数据存储结构的变化不会影响应用程序；第三，减少了数据的冗余，提高了数据的共享程度；第四，保证了数据的一致性；第五，便于修改和扩充。此外，为保证产品开发过程中各模块数据信息的一致性，开发软件广泛采用单数据库技术，即当用户在某个模块中对产品数据做出改变时，系统自动地修改所有与该产品相关的数据，以避免因数据不一致而产生差错。

5. 程序语言编译系统

软件开发还需要用到编译系统和汇编系统。数字化设计与制造软件的开发可以采用高级语言，如 C、Fortran、C＋＋等，也可以采用汇编语言。另外，在高级语言程序中也可以调用汇编语言。为方便用户进行二次开发，根据其自身需要定做软件功能模块，目前多数产品数字化开发软件都提供了二次开发语言及工具。例如，欧特克（Autodesk）公司提供了 Auto Lisp 语言，用于用户的二次开发；SolidWorks 软件提供了 API 接口，可以调用 Visual Basic、VB.NET、C＋＋、C# 等程序文件，以便用户开发、定制特定的功能模块。

（三）应用软件

应用软件是根据特定产品开发的需要，在系统软件和支撑软件基础上进行二次开发或独立开发的软件模块。人们开发应用软件的主要目的是提高产品设计及制造的效率，如冲裁模具设计软件、注塑模具设计软件、螺旋桨叶片造型软件、汽车设计软件、飞机设计软件等。应用软件开发就是根据特定产品类型的设计与制造过程，设计专门的算法和程序，使开发过程算法化、程序化和快速化。在应用软件的开发过程中需要建立数学模型，利用程序描述相关设计准则和加工原理，从而将产品开发转化为计算机可以认知和处理的信息。为提高软件的开发效率和可靠性，人们提出了计算机辅助软件工程（CASE）的概念，并开发了 CASE 工具。CASE 软件工具可以提高程序设计和调试的效率，减少错误率。另外，为提高应用软件的开发效率，可以将实现系统基本功能的算法程序建成程序库，如矩阵基本算法、解线性方程组、微分方程求解等程序，在开发应用程序时，可以直接调用程序中的通用程序。

集成性和自动化是数字化设计与制造软件的重要发展趋势。集成性强调各软件模块之间数据信息的充分共享、功能转化方便。传统的产品设计、分析及制造软件则强调用户的参与和交互。自动化强调减少用户的参与，甚至无须用户的参与，以提高产品开发速度，也可以保证设计、分析和编程结果的正确性。对于无意于掌握分析技术而只需要分析结果的用户来说，自动化分析无疑是十分适合的。

第三节　数字化仿真技术

一、仿真技术简介

仿真就是采用模拟真实系统的模型，通过对模型的分析和试验去研究真实系统的工作行为。其实质是以计算机仿真技术为手段，在产品设计的全生命周期内（包括设计、测试、制造、应用和维护的全过程）实施仿真、分析与评估。其目的在于尽可能在产品设计阶段预测产品在设计、制造、应用等阶段可能出现的问题，进行全局优化。系统仿真是研究系统、解决问题的方法和手段。

仿真可以再现系统的状态、动态行为及性能特征，常用于分析系统配置是否合理、性能是否满足要求，预测系统可能存在的缺陷，为系统设计提供决策支持和科学依据。例如，研制新型飞机时，一般先要对按比例缩小的飞机模型进行风洞试验以验证飞机的空气动力学性能；开发新型轮船时，一般先要在水池中对缩小的轮船模型进行试验，便于了解轮船的各种性能；设计新的生产线时，要先对生产线的性能做出评估等。

仿真的一般过程主要包括建立数学模型、模型变换、编制仿真程序、进行仿真实验、仿真结果整理分析。

在产品设计阶段，人们利用仿真技术和数字化模型——虚拟产品来代替实物模型，即对设计对象进行一定程度的考察和评估，以替代费时、费钱的实验。

仿真可以有多种分类方法，按所用模型的类型（物理模型、数学模型、物理—数学模型）分为物理仿真、计算机仿真（数学仿真）、半实物仿真；按所用计算机的类型（模拟计算机、数字计算机、混合计算机）分为模拟仿真、数字仿真和混合仿真；按仿真对象中的信号流（连续的、离散的）分为连续系统仿真和离散系统仿真；按仿真时间与实际时间的比例关系分为实时仿真（仿真时间标尺等于自然时间标尺）、超实时仿真（仿真时间标尺小于自然时间标尺）和亚实时仿真（仿真时间标尺大于自然时间标尺）；按虚实结合的程度分为结构仿真、虚拟仿真和实况仿真；按功能用途可分为工程仿真和训练仿真。

物理仿真是通过对实际存在的模型进行试验，以研究系统的性能，如飞机的风洞试验、建筑及城市规划模型等。数学仿真是利用系统的数学模型代替实际系统进行试验研究，以获得现实系统的特征和规律。

仿真无须昂贵的实物系统，也无须模拟生成客观真实环境的各种物理效应设备，而是建立数学模型，按数学模型选好合适的算法，编好程序，在计算机上进行试验，再现和评价客观世界的客观事物特性。仿真的三个基本要素是物理系统、数学模型、计算机，联系着它们的三项基本活动是模型建立、仿真模型建立（又称二次建模）、仿真试验。

数字仿真程序是一种适用于一类仿真问题的通用程序，一般采用通用语言编写。根据仿真过程的要求，一个完整的仿真程序应具有以下三个基本阶段。

第一，初始化阶段。这是仿真的准备阶段，主要完成数组定维、各状态变量置初值，可调参数、决策变量及控制策略等的建立，仿真总时间、计算步距、打印间隔、输出方式等的建立。

第二，模型运行阶段。这是仿真的主要阶段，其规定在该阶段内要调用某种算法，计算各状态变量和系统输出变量。当到达到打印间隔时输出一次计算结果，并以数字或图形的方式表示出来。

第三，仿真结果处理和输出阶段。当仿真达到规定的总仿真时间时，人们常常希望把整个仿真结果以曲线形式再显示或打印出来，或将整个计算数据存起来。针对不同的计算机和计算机外设的配置，该阶段的差别也比较大。

二、国内外仿真软件及其相关技术的发展

目前国内外工程仿真软件层出不穷，但各仿真软件都有其各自应用的范围，应用的仿真软件主要如下。

（一）PAM-CRASCH 软件

PAM-CRASCH 软件是法国 ESI 公司的碰撞模拟有限元仿真分析软件的程序包，它提供了强大的有限元前后处理程序和算法优良的解题器，目前已被各

大汽车制造商广泛采用作为碰撞模型有限元仿真的专用平台。

PAM-CRASCH 软件提供了运动副单元、非线性六自由度弹性与阻尼单元、焊点约束等多种实体用于模拟机构各种复杂的运动关系。例如，运动铰单元就有球副、滑移副、转动副、圆柱副、平面副、万向节副、弯曲扭转副以及用户自定义铰链共八种类型，并且各种类型的运动副在其未受约束的自由度上可以自定义刚度、阻尼、摩擦系数等多种参数。PAM-CRASCH 软件有强大的机构运动模拟功能，其可模拟碰撞时发动机及变速器、悬架及转向机构的运动与变形。它与有限元分析软件相比，在模拟大变形、大位移时有其优越性。

（二）DADS 软件

比利时 LMS 公司的 DADS 软件支持机械系统的快速装配、分析和优化，并提供了功能虚拟样机技术功能，可以为物理样机试验提供设计的装配特性、功能特性和可靠性的预测与校验分析。在建模方面，其提供的建模元素包括丰富的运动副库、力库、约束库、控制元件库、液压元件库、轮胎接口等。在分析方面，该软件提供了装配分析、运动学分析、正向动力学分析、逆向动力学分析、静平衡分析、预载荷分析六种分析功能。

（三）MATLAB 软件

MATLAB 由美国 MATHWORKS 公司开发，MATLAB 是当今国际上科学界（尤其是自动控制领域）最具影响力、最有活力的软件，它源于矩阵运算，并已经发展成一种高度集成的计算机语言，提供了强大的科学运算、灵活的程序设计流程、高质量的图形可视化与界面设计、便捷的与其他程序和语言接口的功能。MATLAB 语言在各国高校与研究单位得到了广泛应用。在欧美大学里，诸如应用代数、数理统计、自动控制、数字信号处理、模拟与数字通信、时间序列分析、动态系统仿真等课程的教科书都把 MATLAB 作为内容。在那里，MATLAB 是大学生必须掌握的基本工具。MATLAB SIMULINK 是一个交互式操作的动态系统建模、仿真、分析集成环境，它的出现使人们有可能考虑许多以前不得不做简化假设的非线性因素、随机因素，从而大大提高了人们对非线性随机动态系统的认知能力。MATLAB 主要应用于电学、自动控制、工程运算，它可以与其他机械系统仿真软件（如 DADS，ADAMS 等）一起联合组成仿真系统。

（四）EASYS 软件

EASYS 是一个以图形为基础的软件工具，其主要用于模拟和设计具有微分与代数方程特征的动态系统。波音公司在 20 世纪 70 年代初期首先发展了这种软件，但只作为一个内部软件。20 世纪 80 年代商品化以来，EASYS 首先渗透到航空市场，现在已应用于汽车和其他多个工业领域。EASYS 的用户包括汽车、航空、国防及重机械领域的许多主要的公司。在航空领域，其主要的用户包括波音、英国航空、劳斯莱斯、（美国）通用电气公司、（美国）国家航空和宇宙航行局等。在汽车领域，其主要的用户包括福特、日产等。在一般机械领域，其主要的用户包括赫斯科、三星重工、三菱等。

（五）ADAMS 软件

ADAMS 软件是由美国机械动力公司开发的最优秀的机械系统动态仿真软件，是世界上最具权威性的、使用范围最广的机械系统动力学分析软件。在当今动力学分析软件市场上 ADAMS 独占鳌头，拥有 70% 的市场份额，ADAMS 拥有 Windows 版和 Unix 两个版本。

ADAMS 软件使用交互式图形环境和零件库、约束库、力库，创建了完全参数化的机械系统几何模型，其求解器采用多刚体系统动力学理论中的拉格朗日方程方法建立系统动力学方程，对虚拟机械系统进行静力学、运动学和动力学仿真，输出位移、速度、加速度和反作用力曲线。ADAMS 软件的仿真可用于预测机械系统的性能、运动范围、碰撞检测、峰值载荷及计算有限元的输入载荷等。

ADAMS 一方面是机械系统动态仿真软件的应用软件，用户可以运用该软件非常方便地对虚拟样机进行静力学、运动学和动力学分析。另一方面，其又是机械系统动态仿真分析开发工具，其开放性的程序结构和多种接口可以成为特殊行业用户进行特殊类型机械系统动态仿真分析的二次开发工具平台。

DADS 与 ADAMS 同属机械系统动态仿真软件，两者的原理和功能相似。但 ADAMS 软件是专门针对汽车及悬架开发，在模拟和仿真汽车及悬架系统方面比其他的软件方便得多。

目前汽车工程中应用较多的计算机仿真分析方法，包括数值模拟方法、MATLAB/Simulink 仿真方法、硬件在环（HIL）仿真、虚拟现实技术（VR）、高层体系结构（HLA）技术。

第四节　产品数字化造型技术

产品造型也被称为产品建模，它主要研究如何以数学方法在计算机中表达物体的形状、属性及其相互关系，还有如何在计算机中模拟模型的特定状态。产品造型是数字化设计技术的核心内容，以产品造型信息为基础，人们就可以进行运动学和动力学分析、干涉检查及生成数控加工程序等工作。因此，产品造型技术在很大程度上决定了数字化设计技术的水平。

人们对产品造型技术的研究始于20世纪60年代。总体上，产品造型技术经历了三个发展阶段：20世纪60年代，研究重点是线框造型技术；20世纪70年代，研究重点是自由曲面造型及实体造型技术；20世纪80年代以后，研究重点是参数化造型及特征造型技术。

其中，三维线框模型由直线和曲线描述三维形体的边界组成，并定义了线框模型空间顶点的坐标信息、边的定义信息及顶点与边的连接关系。自由曲面造型研究曲面的表示、求交及显示等问题，主要针对汽车、飞机、船舶等复杂表面的设计及制造。实体造型主要研究如何以形状简单、规则的基本体素（如正方体、圆柱、圆锥等）为基础，通过并、差、交等集合运算构成复杂形状的物体。

曲面造型和实体造型所依据的理论和方法不太相同。因此，早期两种建模方法曾相互独立、平行发展。20世纪80年代后期，非均匀有理B样条（NURBS）技术的出现，使人们可以采用统一的数学表达形式表示基本体素的二次解析曲面及自由曲面。于是，实体模型中也开始采用自由曲面造型技术，从而使实体造型技术和曲面造型技术得到了统一。

参数化造型采用几何拓扑和尺寸约束来定义产品模型，并使人们可以动态地修改模型。特征造型则是以实体造型为基础，采用具有一定设计意义或加工意义的特征作为造型的基本单元来建立零部件的几何模型。将参数化造型的思想应用到特征造型中，使产品的特征参数化，就形成了参数化特征造型技术。

近年来，产品结构建模成为人们研究的重点。它是一种面向装配的建模技术，包含了产品从零件、部件到装配的完整信息。产品结构模型提供了统一、完整的产品信息，为信息共享创造了条件。它是企业级的产品数字化模型，也是实现并行工程、虚拟产品开发和集成制造的信息源。

产品造型技术广泛地应用于机械产品开发、艺术造型等领域。例如，其在产品设计时，用以反映物体外观、检查零件的装配关系、生成工程图样等；在结构分析时，用以计算零件的质量、质心、转动惯量、表面积等物理参量；在运动分析时，用于机械结构的动作规划、运动仿真及零件之间的干涉检查等；在数控加工时，以产品的几何模型为基础，规划数控加工的刀具轨迹、进行数控加工仿真。此外，产品造型技术在动画制作、仿真、计算机视觉、机器人等领域也有广泛的应用。

一、基于线框、曲面及实体的产品造型技术

（一）线框造型

在计算机绘图及数字化设计技术的发展初期，只有二维线框模型，用户需要逐点、逐线地构造模型。二维线框造型的目标是用计算机代替手工绘图。随着计算机软硬件技术的发展和图形变换理论的成熟，基于三维线框模型的绘图系统发展迅速。但是，三维线框模型也仅由点、线及曲线等组成。实际上，三维物体可以用它的顶点及边的集合来描述。因此，每个线框模型都包含有两张表：一张为顶点表，它记录各顶点的坐标值；另一张为棱线表，它记录每条棱线所连接的两个顶点信息。

物体的三维线框数据模型可以产生任意视图，且视图之间能够保持正确的投影关系，还可以生成任意视点或视向的透视图、轴测图。另外，线框模型操作较简单，对计算机的内存、显示器等软硬件要求较低。

但是，线框模型也有很多缺点。例如，当对象形状复杂、棱线过多时，若显示所有棱线将会导致模型观察困难，可能使人理解错误；对于某些线框模型人们很难判断对象的真实形状，会产生歧义，即"二义性"问题。由于线框模型的数据结构中缺少拓扑信息，如边与面、面与体之间的关系信息等，因此它无法识别面与体，无法形成实体，也不能区分体内与体外。同时，线框模型还存在不能消除隐藏线，不能进行任意剖切，不能计算物性（如质量、体积），不能进行面的求交，无法生成刀具轨迹，不能检查物体之间的干涉等缺点。但有一些绘图和设计软件具有建立边与面拓扑关系的功能，还有使线框模型消隐的功能。

线框模型能满足特定的设计与制造需求，而且具有一定的优点。因此，多数数字化设计与制造软件仍将线框模型作为曲面模型与实体模型的基础，其在造型过程中还经常被使用。

（二）曲面造型

曲面模型也被称为表面模型。它以"面"来定义对象模型，能够精确地确定对象面上任意一个点的 X、Y、Z 坐标值。面的信息对于产品的设计和制造过程具有重要意义。物体的真实形状、物性（体积、质量等）、划分有限元网格、数控编程时刀具的轨迹坐标等都需要根据物体面的信息来确定。总体上，曲面模型的描述方式有两种：第一，以线框模型为基础的面模型；第二，以曲线、曲面为基础构成的面模型。其中，基于线框模型的面模型是把线框模型中的边所包围成的封闭部分定义为面，它的数据结构是在线框模型的顶点表和边表中附加必要的指针，使边有序连接，并增加一张面表来构成表面模型。以线框模型为基础的面模型只适用于描述简单形体。对于由曲面组成的形体若采用线框模型则只能以小平面片逼近的方法近似地进行描述。因此，现代航空、航天、电子、汽车及模具等产品中复杂且需要精确描述的曲面只能以第二种方法通过参数方程进行描述。

二、产品的特征及参数化造型技术

（一）特征造型

1. 特征的定义

广义的特征是指产品开发过程中各种信息的载体，如零件几何信息、拓扑信息、形位公差、材料、装配、热处理、表面粗糙度等。狭义的特征则是指具有一定拓扑关系的一组实体体素构成的特定形体。

2. 特征造型的特点

与传统造型方法相比，特征造型具有如下特点。

①传统造型技术，如线框造型、曲面造型和实体造型，都是着眼于完善产品的几何描述能力，特征造型则着眼于如何更好地表达产品完整的技术及生产管理信息，以便为建立产品的集成信息模型服务。

②特征造型使产品数字化设计工作能在更高的层次上进行，设计人员的操作对象不再是原始的线条和体素，而是产品的功能要素，如螺纹孔、定位孔、键槽等。该方法的引用特征直接体现了设计意图，使其所建立的产品模型更容易被别人理解，所设计的图样更容易修改，也有利于组织生产，从而使设计人员可以有更多精力进行创造性构思。

③特征造型有助于加强产品设计、分析、工艺准备、加工、装配、检验等各部门之间的联系，更好地将产品的设计意图贯彻到后续环节，并及时得到后者的反馈信息。

④特征造型有助于推行行业内产品设计和工艺方法的规范化、标准化和系列化，在产品设计中人们要及早考虑制造要求，保证产品结构具有良好的工艺性。

⑤特征造型有利于推动行业及专业产品设计，有利于从产品设计中提炼出规律性知识及规则，促进产品智能化设计和制造技术发展。

3. 特征的分类

目前，人们正在试图用特征来反映机械产品数字化设计与制造中的各种信息，它所包含的信息和内容还在不断增加。与产品数字化设计有关的特征有以下几种。

①形状特征。形状特征用于描述具有一定工程意义的几何形状信息。它是产品信息模型中最主要的特征信息之一，也是其他非几何信息（如精度特征、材料特征等）的载体。非几何信息可以作为属性或约束附加在形状特征的组成要素上。形状特征又分为主特征和辅特征。其中，主特征用于构造零件的主体形状结构；辅特征用于对主特征进行局部修改，并依附于主特征。辅特征又有正负之分。正特性是向零件加材料，如凸台、筋等形状；负特性是从零件上减材料，如孔、槽等形状。辅特征还包括修饰特征，其主要用来表示印记和螺纹等。

②装配特征。装配特征用于表达零部件的装配关系。此外，装配特征还包括装配过程中所需的信息（如简化表达、模型替换等），还有在装配过程中生成的形状特征（如配钻等）。

③精度特征。精度特征主要用于描述产品几何形状、尺寸的许可变动量及其误差，如尺寸公差、形位公差、表面粗糙度等。精度特征又可细分为形状公差特征、位置公差特征、表面粗糙度等。

④材料特征。材料特征主要用于描述材料的类型、性能及热处理等信息，如机械特性、物理特性、化学特性、导电特性、材料处理方式及条件等。

⑤性能分析特性。性能分析特性也被称为技术特征，主要用于表达零件在性能分析时所使用的信息，如有限元网格划分等。

⑥补充特征。补充特征也称为管理特征，主要用于表达一些与上述特征无关的产品信息，如成组技术（GT）中用于描述零件设计编码等的管理信息。

总之，特征造型就是以实体模型为基础，用具有一定设计或加工功能的特征作为造型的基本单元（如各种槽、圆孔、凹坑、凸台、螺纹孔、倒角、沉头孔等），来建立零部件几何模型的造型技术。与采用点、线、面等几何元素相比，利用特征概念进行设计更加符合设计人员的设计思路，有利于提高设计工作效率。

（二）参数化造型

参数化造型使用约束来定义和修改几何模型。约束反映了设计时要考虑的因素，包括尺寸约束、拓扑约束及工程约束（如应力、性能）等。参数化设计中的参数与约束之间具有一定关系。当输入一组新的参数数值，而保持各参数之间原有的约束关系时，人们就可以获得一个新的几何模型。因此，在使用参数化造型软件更新或修改产品模型时，设计人员无须关心几何元素之间能否保持原有的约束条件，从而可以根据产品需要，动态地、创造性地进行新产品设计。因此，人们也称这种设计软件为动态造型系统或参数驱动系统。

目前，参数化造型软件系统可以分为以下两类。

1. 尺寸驱动系统

通常，尺寸驱动系统也被称为参数化造型系统，但它只考虑尺寸及拓扑约束，不考虑工程约束。它采用预定义的办法建立图形的几何约束集，并指定一组尺寸作为参数与几何约束集相联系。因此，在该系统中改变尺寸值就能改变图形。

尺寸驱动的几何模型由几何元素、尺寸约束与拓扑约束三部分组成。当修改某一尺寸时，系统会自动地检索该尺寸在尺寸链中的位置，找到它的起始几何元素与终止几何元素，使它们按新尺寸值进行调整，得到新模型；再检查所有几何元素是否满足约束，如不满足，则拓扑关系保持不变，按尺寸约束递归修改几何模型，直到其满足全部约束为止。

2. 变量设计系统

变量设计是一种约束驱动的系统，它不仅考虑了尺寸约束及拓扑约束，还考虑了工程约束。这种系统更适合在考虑工程约束的前提下进行产品结构设计。其中，几何元素是指构成物体的直线、圆等几何图素；几何约束包括尺寸约束及拓扑约束；尺寸值是指每次赋给的一组具体数值；工程约束表达设计对象的原理、性能等；约束管理用来确定约束状态，识别约束欠缺或过约束等问题；约束网格分解可以将约束划分为较小的方程组，通过独立求解得到每个几何元素特定点的坐标，从而得到具体的几何模型。除了采用代数联立方程求解外，系统还可以采用推理的方法逐步求解。从理论上讲，变量设计系统比尺寸驱动系统及传统静态造型系统更灵活，更适用于概念设计，但由于方程组求解困难，系统实现并不容易，只有少数软件采用该造型方法。

（三）参数化特征造型

1. 三维零件模型是 SolidWorks 的基本部件

SolidWorks 中的产品模型由零件、装配体和工程图等组成。其中，零件为三维实体模型，它是整个设计工作的基础和核心。以零件为基础，人们通过装配可以构成装配体，通过模具设计可以形成相应零件模具的凸模和凹模等。以零件和装配体为基础，该软件可以生成零件和装配体的工程图。该软件的工程图中不仅提供标准三视图，还提供局部视图、裁剪视图、剖面视图、旋转剖视图、断裂视图和辅助视图等各种派生视图，以满足各种相关信息的表达。

零件、装配体和工程图均以文件形式存在，显示在单独的窗口中。但零件、装配体及工程图之间具有相关性，即当其中一个文件改变时，其他两个文件也自动地相应改变。在零件、装配体和工程图文件中可以添加必要的模型细节，如尺寸、注释、符号以及材料明细表等。

2. 特征是三维模型的基本元素

SolidWorks 是基于特征的造型软件，其以基体特征为基础，通过不断添加特征最终构成零件，并且特征可以随时添加、编辑修改及重新排序，以不断完善设计。特征操作的基本过程及含义如下。

①"拉伸特征"是将一草图沿与草图垂直的方向移动一定距离生成特征的方法。如圆柱体可认为是以圆形草图拉伸一定高度而形成的。

②"扫描特征"是将一个轮廓（截面）沿着一条路径移动而生成基体、凸台、切除或曲面等特征的方法。SolidWorks 中，扫描特征的生成遵循以下规则。

a. 基体或凸台扫描特征的轮廓必须是闭环，曲面扫描特征的轮廓可以为闭环或开环。

b. 路径可以是一张草图中的一组草图曲线、一条曲线或一组模型边线，路径可以是开环也可以是闭环，路径的起点必须位于轮廓的基准面上。

c. 无论是截面、路径，还是所形成的实体，它们均不允许出现自相交叉的情况。例如，圆柱体也可以认为是一个圆形草图轮廓沿通过圆的中心并垂直于圆的方向移动一定距离而生成的实体；弹簧可以认为是圆形草图轮廓沿螺旋线移动而形成的实体。

③"旋转特征"是将一个草图绕中心线旋转一定角度来生成特征的方法，它既可以生成基体、凸台特征，也可旋转切除或生成旋转曲面特征。

④"放样"是以两个或多个轮廓为基础，通过在轮廓之间的过渡生成特征的方法。通过放样可生成基体、凸台或曲面等特征。其中，放样中的第一个或最后一个，或上述两个轮廓均可以为点。

⑤"圆角"和"倒角"是机械零件设计中常用的特征生成方法。其中，"圆角"是在零件上生成一个内圆角或外圆角面。生成圆角特征的对象可以是一个面的所有边线、所选的多组面、所选的边线或边线环等。"倒角"是在所选的边线或顶点上生成一条倾斜的边线。

SolidWorks 中圆角特征有等半径圆角、多半径圆角、圆形角圆角、逆转圆角、变半径圆角及混合面圆角等。一般生成圆角时应遵循以下原则。

①在添加小圆角特征之前添加较大圆角特征，即当有多个圆角汇聚于一个顶点时，应先生成较大的圆角。

②在生成圆角特征前先添加拔模特征，即当要生成具有多个圆角边线及拔模面的模具零件时，一般应在添加圆角特征之前添加拔模特征。

③最后添加装饰用圆角，以减少重建零件的时间。

④为加快零件的重建速度，可以使用同一个圆角命令处理具有相同半径圆角的多条边线，但需要指出的是，当改变圆角半径时，同一操作中生成的所有圆角都将改变。

倒角有角度 - 距离、距离 - 距离、顶点三种形式。其中，缺省方式是角度 - 距离，缺省角度为 45°。

⑥"抽壳特征"是去除零件内部的材料，使所选的面敞开，并在剩余面上生成薄壁特征的方法。根据实际需要，人们可以在一次抽壳中移除多个面的材料人们。另外，人们通过"多厚度"及"多厚度面"可以分别定义各保留面的壁厚。

值得指出的是，抽壳特征与圆角、倒角特征的不同次序直接影响了零件的最终形状，甚至影响相关特征的定义。一般地，如果零件上需要有圆角或倒角，则应当在抽壳之前添加圆角（倒角）特征。

⑦"筋特征"是从开环的草图轮廓生成特殊类型拉伸特征的方法。它可在轮廓与现有零件之间添加指定方向和厚度的材料。

⑧ "孔"是机械零件设计中常用的特征生成方法。SolidWorks 提供了"钻孔"特征用来在模型上生成各种类型的孔。钻孔特征又可以分为"简单直孔"和"异型孔向导"两类。其中，"简单直孔"即为圆柱孔，而"异型孔"则包括各种具有复杂轮廓的孔，如柱形沉头孔、锥形沉头孔、螺纹孔、管螺纹孔及旧制孔等。需要指出的是，SolidWorks 只能在平面上生成孔特征，如需在曲面上生成孔，则应在相邻曲面之间生成一个小型平面，再以平面为基础生成孔特征。

⑨ "拔模"是以指定的角度斜削模型中所选的面的方法。拔模的重要应用是使成形零件可以很容易地从模具型腔中脱出。

⑩ "镜像"是以一个（或多个）已有特征为基础，以某基准面为对称面，在基准面的另一侧生成上述特征的复制特征的方法。其中，已有的特征也称为原始特征或源特征。一旦原始特征被修改，通过镜像复制的特征也将相应更新。

⑪ "线性阵列"是沿一条或两条直线路径生成已选特征的多个实例的方法。

⑫ "圆周阵列"是以绕一个轴心沿圆周排列的方式生成一个或多个特征的多个实例的方法。采用阵列生成的特征，一旦原始特征被修改，阵列中的所有实例也将随之更新。需要指出的是，要生成圆周阵列则先要生成一条中心轴线，以作为圆周阵列的圆心位置。此外，SolidWorks 还提供了草图阶段的线性排列及圆周排列功能。

除上述特征外，SolidWorks 还提供了比例缩放、圆顶、特型、切口等实体特征。另外，SolidWorks 还提供了旋转曲面、拉伸曲面、延展曲面、放样曲面、等距曲面、剪裁曲面、缝合曲面、加厚曲面等多种曲面特征，并可以通过曲面特征生成曲面实体。对于形状复杂、有空间或流线型外观及结构要求的产品设计，曲面特征造型具有重要应用价值。

参考几何体是完成复杂零件造型的重要辅助工具，主要包括基准面、基准轴、坐标系、构造几何线及三维曲线等。掌握参考几何体的定义方法，对于特征造型具有重要意义。

3.二维草图是生成特征的基础

SolidWorks 中的多数特征是以二维草图为基础生成的，因此草图绘制是造型的前提。SolidWorks 不仅提供二维草图绘制实体工具，如直线、圆、圆弧、多边形、矩形等，也提供草图绘制辅助工具，如转换实体引用、镜像、等距实体、剪裁和延伸等，为草图绘制准备了基本条件。SolidWorks 的草图绘制还有以下特点。

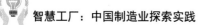

①参数驱动。SolidWorks 是参数驱动系统，用户可以快速表达出设计特征，而精确的形状则可以通过标注尺寸来实现。

②基于约束造型。SolidWorks 可以通过添加几何关系在草图实体之间及草图实体与基准面、基准轴、边线、顶点之间定义各种几何关系，如相切、垂直、平行、同心、重合、对称、穿透等。参数驱动和基于约束造型简化了草图绘制过程，提高了作业效率。另外，人们在绘制草图时要特别注意基准面及基准轴的定义、草图编辑方法、尺寸标注、几何关系定义等，以提高草图绘制及建模的速度和质量。

综上所述，零件三维模型是 SolidWorks 的核心，零件的造型过程是生成特征的过程，特征生成又可分为选择（定义）基准面、绘制草图、定义尺寸及几何关系、生成特征等子过程。

第五节　数字化制造技术

一、成组技术

成组技术是机械制造业近数十年来发展起来的一门综合性的新技术。它采用"按相似性成组"的原理，使多品种、中小批量生产也能采用大批大量生产的先进工艺，从而改变中小批量生产的落后面貌。它从 20 世纪 50 年代的"成组加工"开始，经过与计算机技术相结合，现在已应用到企业的产品设计、制造工艺和管理等各方面的活动中，因此对于机械制造业的发展和改造具有深刻的影响。

成组技术（GT）的定义为：将企业生产的多种产品、部件和零件，按照一定的相似准则分类编组，并以这些组为基础组织生产的各个环节，从而使产品设计、制造工艺和生产管理合理化。

成组技术可以使单品种刚性生产自动线增加柔性，是进行少品种大批量生产的柔性生产自动线的基础技术之一，它也是现代数控技术、柔性制造技术和计算机集成制造系统的基础技术之一。现如今，成组技术已成为中小批量生产中缩短生产周期、降低产品成本、改善经营管理和提高劳动生产力的有效技术措施之一。

（一）成组技术的基本原理

相似件原理是指导成组技术学科的基本理论，它涉及对机械制造中的相似性进行标识、开发和利用的一系列过程，将机械制造业中多种产品的部件与零件根据规格、形状、制造过程及其所用设备及工装等特征按一定的相似性准则进行归类分组，从而扩大产品批量，其目的是实现对多品种和中小批量生产的产品设计、工艺设计、加工制造和生产管理等领域的最大优化，降低产品的成本和提高生产的效率。

零件的相似性可以从两方面来看，即零件在产品中所起作用的相似性和特征的相似性。由于特征比较明确、具体，可以仅由零件图的信息直接确定。

在机械制造工业中，产品及部件的性能规格相似是最基本的相似性，并在此基础上形成了零件在几何形状、功能要素、尺寸、精度、材料等方面的相似性。由于这些相似性的存在才导致了制造这些零件和将它们装配成产品出售的整个生产经营和管理等工作各方面的相似性，其中包括使用设备、工具、数控软件、调整，还有制造这些零件的工时、成本、材料供应、仓库管理等。因此，这些以基本相似性为基础导出的相似性称为派生相似性或二次相似性，基本相似性也称为一次相似性，其属于设计信息，而二次相似性则属于工艺信息。

（二）零件的分类编码

1. 零件分类编码系统

零件的分类编码系统是用数字和字母对零件特征进行标识与描述的一套特定的规则及依据。目前，国内外已有100多种编码系统在工业中使用，如日本的KK分类编码系统、瑞士的苏尔泽系统等，国内则有JCBM系统和JLBM系统。每个企业可以根据本企业的产品特点选择其中一种，或在某种编码系统基础上加以改进，以适应本单位的要求。

2. 零件的分类成组方法

零件的分类成组就是按照一定的相似性准则将产品中品种繁多的零件归并成为几个具有相似特征的零件族，这是成组技术的核心。零件分类成组的方法很多，但大概可分为编码分类法和生产流程分析法（PFA）两大类。

①编码分类法。根据编码分类法编制的零件代码代表了零件一定的特征。因此，人们利用零件代码就能方便地找到相同或相似特征的零件，从而形成零件族。原则上讲，代码完全相同的零件便可组成一个零件族，但这样做会造成零件族数很多，而每个族内零件种数都不多，达不到扩大批量提高效率的目的。因此，应适当放宽相似性程度，做到合理分类。目前，常用的编码分类方法主要有以下几种。

a.特征码位法，此法以某种结果影响最大的码位作为特征码位来划分零件族。特征码位相同，不论其他码位如何，人们都认为这些零件是同一零件族。

b.码域法，此法对分类编码系统中各码位数值规定出一个范围作为零件分组的依据。

c.特征位码域法，该法是由特征码位法与码域法结合而成的一种分组方法。它选取若干特征性较强的码位，并在这些码位上规定允许的特征项数据的变化范围来作为分组的依据。

②生产流程分析法（PFA）。因为大多数零件的编码分类都是在以零件的结构形状和工艺信息为主的情况下制定的，所以有许多信息的描述不可能准确无误，特别是工艺信息方面更是如此。此外，编码分类法划分的零件族或零件组也都没有与加工设备（即机床组）联系起来。

英国贝巴奇教授提出的生产流程分析法（PFA）是以生产过程或工艺过程为主要依据的分类方法。该方法着重分析生产过程中从原材料到产品的物料流程，从而研究最佳的物料路程系统。

该方法通常包含如下四方面的内容。

a.工厂流程分析，建立车间与零件的对应关系。

b.车间流程分析，建立制造单元与零件的对应关系。

c.单元流程分析，建立加工设备与零件的对应关系。

d.单台设备流程分析，建立工艺装备与零件的对应关系。

根据这些对应关系可以编制出各类关系中的最佳作业顺序，从而找出各个设备组与对应的零件族。

3. 成组技术的应用

早期成组技术是作为解决重复性、相似性和批量生产问题的一种有效方法。随着计算机辅助技术的发展，成组技术以能提供制造工艺数据的特点而成功地与计算机辅助工艺过程设计（CAPP）结合起来。长期以来，人们在零件的分类建立、相似的零件族编码、成组夹具设计、回转体零件箱体零件设计和成组作业计划编制等方面进行了大量的应用研究工作。例如，利用GT编码来检索现有零件库中是否存在与所设计零件相同或类似的零件特征，以确定是重新设计新零件还是对相似零件进行修改来满足设计要求，以此提高计算机辅助设计的效率。人们还可以利用成组技术中的分类编码法高效、快捷地设计零件的工艺过程。因此，成组技术已成为计算机辅助设计和计算机辅助制造之间的接口和桥梁。

目前，国内在成组技术方面的研究与开发大多数停留在零件这个层次上，涉及部件和产品等更高层次的很少。事实上，GT 应与 CAD/CAN 有更为广泛深入的联系和应用。例如，目前推广的 GT 技术都是采用具有固定码长的刚性零件分类和编码系统，这样的系统远没有包括设计和装配所必需的产品性能规格信息和部件信息，而且难以包含详细描述零件的全部结构和工艺信息，因此如果能开发出一种码长不固定并能包含产品、部件、零件及其特征信息的多层次柔性编码系统，那么就能够更好地满足管理信息系统和信息集成的需要。如果产品设计实现了系列化和模块化，人们就有可能在以上多层次柔性编码系统的基础上开发出从产品到零件的 GT-CAD/CAPP/CAN 系统。

成组技术是应用于机械制造业中的一门综合技术，它不但应用在产品设计、工艺设计、工艺设备设计等方面，而且还应用在生产决策、计划和管理等部门。

（三）成组技术的作用与效果

①使零件批量扩大。成组批量可以通过下面两个方法扩大：一是在产品设计上，通过重复利用原有产品零件图样和设计标准化规格化，从而减少零件的品种规格；二是从工艺上，通过分类分组把不同产品的结构工艺相似的零件合并成组。

②促进产品设计标准化。采用成组工艺后，由于建立了零件编码系统，进行新产品设计时设计人员就可以按照分类编码检索老产品的同类零件，经比较决定是否可重复使用，还是部分修改或少数重新设计，这样可以大大减轻设计工作量。此外，其还有利于实现结构形状标准化。

③从根本上改变了生产准备工作的方法和内容，不必再为新产品的每个零件编制工艺规程，只需按分类编码并入相同的零件组中，也省去了工艺装备的设计与制造过程，缩短了生产准备周期。

④可采用先进的组织形式，有利于实现科学管理。

⑤可降低产品成本，提高企业在市场上的竞争力。

二、数控机床加工技术

（一）数控加工技术的发展

为了解决飞机框架和直升机叶片加工过程中的制造问题，1952 年麻省理工学院研制成功一套三坐标联动，利用脉冲乘法器原理的试验性数字控制系统，并把它装在一台立式铣床上。这是世界上的第一台数控机床，它标志着数字控制时代的开始。

数控技术是机械技术和电子技术相结合的产物，因此机械技术、电子技术，特别是计算机技术的每一点进步都在推动数控技术向前发展。

1959年，晶体管元件的出现使电子设备的体积大大减小，数控系统中广泛采用晶体管和印制电路板，数控技术发展进入第二阶段。从1960年开始，数控技术进入了实用阶段，美国、德国、日本等国家开始开发、生产和使用数控机床。

1965年，小规模集成电路研制成功。出于它体积小、功耗低的特征，它使数控系统的可靠性得以进一步提高，这是第三代数控系统。在这以前的数控系统中，所有功能都是靠硬件实现的，现在我们称之为普通数控（NC）。

1970年，在美国芝加哥国际机床展览会上首次展出了一台以通用小型计算机作为数控装置的数控系统，其被人们称为第四代数控系统，这种数控系统的最大特征是许多数控功能可以用软件来实现，系统变得灵活、通用性好，价格也低多了。这就是我们现在说的计算机数控系统（CNC）。

1974年开始出现的以微处理器为核心的数控系统被人们称为第五代数控系统。数十年来，装备微处理机数控系统的数控机床得到了飞速发展和广泛应用。

（二）数控加工的特点

数控机床加工与传统机床相比，具有以下一些特点。

1. 具有高度柔性

数控机床上加工零件的质量主要取决于加工程序，它与普通机床不同，不必频繁制造和更换工具、夹具，不需要经常重新调整机床。因此，数控机床适用于零件频繁更换的场合、也就是适合单件、小批量生产及新产品的开发，其可以缩短生产准备周期，节省大量装备的费用。

2. 加工精度高

数控机床加工精度，一般在 $Ra0.005 \sim 0.1\text{mm}$ 范围内，数控机床是以数字信号形式控制的，数控装置每输出一个脉冲信号，则机床移动或部件移动一个脉冲当量（一般为 0.001mm），而且机床进给传动链的反向间隙与丝杠螺距平均误差可由数控装置进行补偿。因此，数控机床定位精度比较高。

3. 加工质量稳定、可靠

加工同一批零件，在同一机床和相同加工条件下，数控机床使用相同的刀具和加工程序，刀具的走刀轨迹完全相同，因此零件的一致性好，质量稳定。

4. 生产率高

数控机床可以有效地减少零件的加工时间和辅助时间，数控机床的主轴转速和进给量的范围大，允许机床进行大切削量的强力切削，数控机床目前正进入高速加工时代，数控机床移动部件的快速移动和定位及高速切削加工，极大地提高了生产率，另外其还可以配合加工中心的刀库使用，在一台机床上能够进行多道工序的连续加工，减少了半成品的工序间周转时间，提高了生产率。

5. 劳动条件得到改善

数控机床调整好后，只需输入程序并启动，机床就能自动连续地进行加工，直至加工结束。操作者进行的主要是程序输入、编辑，装卸零件，刀具准备，加工状态观测及零件检验等工作，劳动强度极大降低，机床操作者的劳动趋于智力型工作。另外，机床一般是封闭式加工，既清洁，又安全。

6. 利于生产管理现代化

用数控机床加工时，人们可预先精确估计加工时间，所使用的刀具和夹具可进行规范化、现代化管理。数控机床用数字信号与标准代码作为控制信息，易于实现加工信息的标准化，目前已与计算机辅助设计和制造有机地结合起来，是现代集成制造技术的基础。

（三）数控机床加工

1. 数控机床的分类

数控机床类型很多，有钻铰类、车削类、铣削类、磨削类、线切割类、加工中心等。按照加工过程中同时控制的轴数，NC 机床又分为点位式、两坐标、三坐标、四坐标、五坐标数控机床。

数控加工中心是一种多功能的数控机床，具有刀库和自动换刀机构，能自动转换工作的位置，可以在一次装卡工件后连续完成铣、镗、钻、铰、攻螺纹等多道工序。因此，它可大大缩短加工的辅助时间，提高定位精度，节省大量专用夹具。

①数控车床。该机床本体包括主轴、溜板、刀架等，数控系统包括电子显示器（CRT）、控制面板、强电控制系统。数控车床一般具有两轴联动功能，Z 轴是与主轴平行方向的运动轴，X 轴是在水平面内与主轴垂直方向的运动轴。另外，在车铣加工中心中还增加了一个 C 轴，可用于实现工件的分度功能。

②数控铣床。数控铣床适用于加工三维复杂曲面，在汽车、航空航天、模具等行业被广泛采用。世界上第一台数控机床就是数控铣床，但随着时代的发展，数控铣床趋于向加工中心发展。目前由于其有较低的价格、方便灵活的操作、较短的准备工作时间等优点，数控铣床仍被广泛采用，它可分为数控立式铣床、数控卧式铣床、数控仿形铣床等。

③加工中心。加工中心是数控机床发展到一定阶段的产物。人们一般把具有自动刀具交换装置，并能进行多种工序加工的数控机床叫作加工中心。加工中心可进行铣、镗、钻、扩、铰、攻丝等多种工序的加工。加工中心又可分为立式加工中心和卧式加工中心，立式加工中心的主轴是垂直方向的，卧式加工中心的主轴是水平方向的。一个工件可以通过夹具安放在回转工作台或交换托盘上，通过工作台的旋转可加工多面体，通过交换托盘可更换加工的工件，提高加工效率。

④数控钻床。数控钻床可分为数控立式钻床和数控卧式钻床。数控钻床主要用来完成钻孔、攻丝功能，同时也可以完成简单的铣削功能，刀库可以存放多种刀具。

⑤数控磨床。数控磨床主要用于加工高硬度、高精度的表面，可以分为数控平面磨床、数控内圆磨床、数控轮廓磨床等。随着自动砂轮补偿技术、自动砂轮修整技术和磨削固定循环技术的发展，数控磨床的功能将越来越强。

⑥数控电火花成形机床。数控电火花成形是一种特种加工方法，它是利用两个不同极性的电极在绝缘液体中产生放电现象去除材料进而完成加工的机床，对形状复杂的模具、难加工材料有特殊的加工优势。

⑦数控线切割机床。数控线切割机床的工作原理与电火花成形机床一样，其电极是电极丝，加工液一般采用去离子水。

2. 数控机床的组成

数控机床一般由数控装置、伺服系统、位置测量与反馈系统、辅助控制单元和机床主机组成。数控装置是数控机床的核心，它接受输入装置送入的数字化信息，经过数控装置的控制软件和逻辑电路进行译码、运算和逻辑处理后，将各种指令信息输出给伺服系统，使设备按规定的动作执行。

伺服系统包括伺服驱动电机、各种伺服驱动元件和执行机构等，它是数控系统的执行部分。它的作用是把来自数控装置的脉冲信号转换成机床移动部件的运动。每一个脉冲信号对应机床移动部件的位移量叫作脉冲当量（也叫最小设定单位）。常用的脉冲当量为0.001mm脉冲。每个进给运动的执行部件都有相应的伺服驱动系统，因此整个机床的性能主要取决于伺服系统。常用伺服驱动元件有直流伺服电机、交流伺服电机、电液伺服电机等。位置测量与反馈系统的作用是对机床的实际运动速度、方向、位移量及加工状态加以检测，把检测结果转化为电信号反馈给数控装置，通过比较，计算出机床实际位置与指令位置之间的偏差，并发出纠正误差指令。检测反馈系统可分为半闭环和闭环两种系统。半闭环系统中，位置检测装置主要有感应同步器、磁栅、光栅、激光测距仪等。辅助控制单元用以控制机床的各种辅助动作，包括冷却泵的启停等各种辅助操作。

机床主机是加工运动的实际机械部件，主要包括支撑部件（床身、立柱等）、主运动部件、进给运动部件（工作台、刀架等）。由于数控机床采用高性能的主轴及伺服驱动装置，因此主机较传统机床大大简化。

3. 数控机床的工作过程

数控机床的工作过程如下。

①程序输入。将编写好的数控加工程序输入给 CNC 装置的方式有纸带阅读机输入、键盘输入、磁盘输入、通信接口输入及连接上一级计算机的 DNC 接口输入。CNC 装置在输入过程中还要完成校验和代码转换等工作，输入的全部信息一般都放到 CNC 装置的内部存储器中。

②译码。在输入的工件加工程序中含有工件的轮廓信息（起点、终点、直线、圆弧等）、加工速度（F 代码）及其他辅助功能（M、S、T）信息等，译码程序以一个程序段为单位，按一定规则将这些信息翻译成计算机内部能识别的数据形式，并以约定的格式存放在指定的内存中。

③数据处理。数据处理程序一般包括刀具半径补偿、速度计算及辅助功能处理。刀具半径补偿可以把零件轮廓轨迹转化成刀具中心轨迹，因此编程员只需按零件轮廓轨迹编程，减轻了工作量。速度计算主要是解决该加工程序段以什么样的速度运动的问题。编程所给的进给速度是合成速度，速度计算则是根据合成速度来计算各坐标运动方向的分速度，另外对机床允许的最低速度和最高速度限制进行判断并处理。辅助功能诸如换刀主轴启停、切削液开关等一些开关量信号也在此程序中处理。辅助功能处理的主要工作是识别标志，在程序执行时发出信号，让机床相应部件执行这些动作。

④插补。插补的任务是通过插补计算程序在已知有限信息的基础上进行数据点的密化工作，即在起点和终点之间插入一些中间点。在每个插补周期内，系统根据指令进给速度计算出一个微小的直线数据段。通常经过若干个插补周

期后插补加工可完成一个程序段，即从数据段的起点到终点。CNC 数控系统一边插补，一边加工，是一种典型的实时控制方式。

⑤位置控制。位置控制可以由软件实现，也可以由硬件实现。它的主要任务是在每个采样周期内，将插补计算的理论值与实际反馈位置相比较，用其差值去控制进给电动机，进而控制工作台或刀具的位移。插补周期可以与系统的位置控制采样周期相同，也可以是位置控制采样周期的整数倍。这是由于插补运算比较复杂，处理时间较长，而位置控制算法比较简单，处理周期较短，所以插补运算的结果可供位置环多次使用。

⑥输入与输出（I/O）处理控制。I/O 处理的主要作用是控制 CNC 装置和机床之间来往信号的输入和输出。

⑦显示。CNC 装置的显示主要是为操作者了解系统运动状态提供方便，通常有零件程序显示、参数设置、刀具位置显示、机床状态显示、报警显示、刀具加工轨迹动态模拟显示及在线编程时的图形显示等。

⑧诊断。其主要是指 CNC 装置利用内装诊断程序进行自诊断，主要有启动诊断和在线诊断。启动诊断是指 CNC 装置每次从通电开始进入正常的运行准备状态的过程中系统相应的内装诊断程序自动检查系统硬件、软件及有关外设是否正常，只有当检查的每个项目都确认正确无误之后，整个系统才能进入正常的准备状态，否则 CNC 装置将通过报警方式指出故障的信息，此时启动诊断过程不能结束，系统不能投入运行。在线诊断程序是指在系统处于正常运行状态时，系统相应的内装诊断程序通过定时中断周期扫描检查 CNC 装置本身及各外设，一般只要系统不停电，在线诊断就不会停止。

三、计算机集成制造系统

计算机集成制造系统（CIMS）是当代生产自动化领域的前沿学科，又是集多种高新技术为一体的现代化制造技术。

（一）CIMS 的定义与功能模块

1. 定义

一般来说，CMS 的定义应包括以下要素：一是系统发展的基础是一系列现代高新技术的综合；二是系统包括制造工厂全部生产、经营活动，并将其纳入多模式分布的自动化子系统；三是系统是通过新的管理模式、工艺理论和计算机网络对上述各系统进行有机集成；四是系统的目标是获得多品种、中小批量、离散生产过程的高效益和高柔性，以达到动态总体最优，实现脑力劳动自动化和机器智能化。

因此我们可以认为，CIMS 是在柔性制造技术、计算机技术、信息技术、自动化技术和现代管理科学的基础上将制造工厂的全部生产、经营活动所需的各种自动化子系统通过新的生产管理模式、工艺理论和计算机网络有机地集成起来，以获得适应于多品种、中小批量生产的高效益、高柔性和高质量的智能制造系统。

2. 功能模块

CIMS 包括制造工厂的生产、经营的全部活动，应具有经营管理、工程设计和加工制造等主要功能。它由三大子系统构成，即事物数据处理系统（BDPS）、计算机辅助设计与辅助制造系统（CAD/CAM）和柔性制造系统（FMS）。

其主要功能模块如下。

① CAD。人们在 CIMS 中进行工程设计时需要调用各种不同数据库中的数据，如工厂管理中的某些数据，或加工后坐标测量机对零件检测的数据。各种 CAD 工作站中图形或数据则应该构成一个联合设计环境。因此，这里的 CAD 不是孤立的，而是内部与外部密切相关并带有反馈的 CAD。CAD 进一步发展还可能包括产品设计的专家系统及设计中的仿真技术。

② CAE。其包括对零件的机械应力和热应力进行的有限元分析，还有考虑到产品本身成本等因素的优化设计功能。

③ CAPP。机械产品及加工零件需要合理地选择工艺参数，以便将产品设计信息转换成加工指令来制造零件或产品。这说明工艺过程设计直接与工件图样和材料清单相联系。

④ CAM。其按照零件的形状及 CAPP 生成 NC 代码，并考虑刀具补偿等因素进行后置处理。金属切削作业主要由机床完成，机床还应控制工件与工具间准确的相对运动，这样就需要机床内装有能够产生并跟踪各种轨迹和完成逻辑控制功能的控制器，它的基本功能是坐标控制、加工过程自适应控制和优化等。

⑤ FMS。柔性制造系统是 CIMS 的加工制造子系统，主要是将毛坯加工成合格的零件并装配成部件以至产品，这牵涉到加工制造过程中的许多环节。系统在这里进行物料与信息流交汇，完成设计及管理中的指定任务，并将制造现场的不同信息如实地反馈到相应部门。

⑥计算机辅助生产管理（CAPM）包括年、月或周生产计划制订，物料需求计划（MRP）制订，生产能力（资源）的平衡及财务、仓库等各种管理。此外，其还包括经营市场预测及制定长期发展战略计划等功能。

CIMS结构总体上分为三层。

第一，决策层。它的主要任务是对市场等外部环境进行研究，帮助企业领导做出经营决策。

第二，信息层。它的任务是生成工程技术信息（CAD/CAM，CAQC、CAPP等工程信息系统）及进行企业的综合信息管理（MIS系统）。

第三，物质层。它是处于底层的物质生产实体，包括进货加工、装配库存和发货等环节。机器人、数控机床、自动化仓库、自动运输车、FMC、FMS和FT乃是这一层的基本设备或子系统。

（二）CIMS的主要技术关键

CIMS是一种适用于多品种、中小批量的高效益和高柔性的智能生产系统。它是由很多子系统组成的，而这些子系统本身又都是具有相当规模的复杂系统。虽然世界上很多国家已投入大量资金和人力研究它，但仍存在不少技术问题有待进一步探索和解决。其主要关键技术归纳起来有以下五个方面。

① CIMS系统的结构分析与设计。其是系统集成的理论基础及工具，如系统结构组织学和多级递阶决策理论、离散事件动态系统理论、建模技术与仿真、系统可靠性理论及容错控制及面向目标的系统设计方法等。

②支持集成制造系统的分布式数据库技术及系统应用支撑软件。它包括支持CAD/CAPP/CAM集成的数据库系统、支持分布式多级生产管理调度的数据库系统、分布式数据系统与实时在线递阶控制系统等。

③工业局部网络与系统。CIMS系统中各子系统的互联是通过工业局部网络实现的，因此必然要涉及网络结构优化、网络通信协议、网络互联与通信网络的可靠性与安全性等问题的研究，甚至进一步还可能需要人们对支持数据、语言、图像信息传输的宽带通信网络进行探讨。

④自动化制造技术与设备。它是实现CMS的物质技术基础，其中包括自动制造设备FMS、自动化物料输送系统、移动机器人、装配机器人、自动化仓库及在线检测及质量保障等技术。

⑤软件开发环境。良好的软件开发环境是系统开发和研究的保证。

综上所述，涉及CIMS的技术关键很多，制定和开发计算机集成制造系统的战略和计划是一项重要而艰巨的任务，并且面对计算机集成制造系统的投资则更是一项长远的战略决策。一旦取得突破，CIMS 技术必将深刻影响企业的组织结构，使机械制造工业产生一次巨大飞跃。

四、快速成型制造技术

（一）快速成型技术的产生

随着现代经济和科学技术发展，厂家竞争日趋激烈，产品更新换代加速，产品的开发速度日益成为厂家竞争的主要影响因素，这在模具、电子、汽车、家电、玩具及轻工等行业尤为明显。为适应这一形势，制造厂家要尽量缩短新产品的设计与试制周期，同时制造技术又要有较强的灵活性，因此产品的开发速度和制造技术的柔性就变得十分关键。

从技术发展角度来看，计算机科学、CAD 技术、材料科学激光技术的发展和普及为新的制造技术产生奠定了基础。

快速成型技术（RPM）就是在这种背景下于 20 世纪 80 年后期产生于美国的，并很快扩展到日本及欧洲，是近 20 年来制造技术领域的一项重大突破。

（二）快速成型技术原理

快速成型技术是由 CAD 模型直接驱动的快速制造任意复杂形状三维实体的技术总称，它的特点包括：第一，可以制造任意复杂的三维几何实体；第二，CAD 模型直接驱动；第三，成型设备无须专用夹具或工具；第四，成型过程中无人干预或较少干预。

快速成型技术采用的是离散、堆积成型的原理。使用该方法时，人们首先在 CAD 造型系统中获得一个三维 CAD 模型，或通过测量仪器测取实体的形状尺寸，转化成 CAD 模型然后将模型数据进行处理，沿某一方向进行平面"分层"离散化，即离散的过程；然后通过专有的 CAM 系统（成型机），以平面加工方式有序地连续加工出每个薄层，并使它们自动粘接而成形，这就是材料堆积的过程。与传统的零件制造技术相比，传统的零件制造技术本质上是一种改变材料形状的加工方法，如线切割、电火花加工、车、钳、刨、磨、铣加工等都是按照工件的设计要求，通过采用某种工具和手段来切除材料，从而制造成零件的方法。其一般采用的是"减法"，由毛坯变成零件，越加工体积越小。而 RPM 却是一种扩展堆积成型的方法，部分、逐步地生成零件，采用的是"加法"，零件逐步增加其体积，最后生成完整的零件。采用 RPM 不仅省去了毛坯制造的工序，而且加工周期短、效率高。

尽管快速成型技术的具体工艺方法有多种，但基本原理都是一致的。例如，分层物体制造（LOM）技术，LOM 工艺先将单面涂有热溶胶的纸通过加热辊加压黏结在一起，此时，位于其上方的激光器按照分层 CAD 模型所得的数据将该层纸片切割出工艺框和原型的内外轮廓线，而后将不属于原型的材料切割成网格状，切割掉的纸片仍留在原处，起支撑和固定作用的纸片厚度一般为0.07～0.1mm；通过升降平台的移动和原料纸片的送给可以切割出新的层片并将其与先前的层片黏结在一起，这样层层叠加，可以得到一个块状物，最后将不属于原型的材料小块剥除就获得了所需的三维实体。

（三）快速成型技术的应用

RPM 技术应用发展很快，人们已经从对 RPM 工艺的熟悉、观望、尝试性应用阶段进入了将 RPM 真正作为产品开发的重要环节，提高产品开发质量，加快产品开发速度的阶段。

当今 RPM 技术发展的趋势是完善技术、提高成型精度、降低成型成本、探索新的成型工艺、开发新材料、寻找直接或间接制造高机械性能金属件的方法及与其他技术嫁接。

快速成型制造技术是人们在采用减去材料获得零件这一传统加工方法上获得的零件制造新思路。由此可见，快速成型技术是在制造实现方法上的一次重大突破，是继数控技术后制造业的又一次革命。

五、智能制造系统

随着时代的发展，社会对产品的需求正从大批大量生产逐步转向中小批量，甚至单件生产。面对市场竞争加剧和信息发展加快的情况，企业要在这样的环境中取胜就必须进一步提高自身在生产活动中的机敏性和智能性，以便从产品的生产周期质量、成本和服务等方面提高自身的竞争力。智能制造技术和智能制造系统就是在现代科技高度发达的基础上顺应这种形势而发展起来的。

智能制造系统（IMS）是一种由智能机器和专家共同组成的人机一体化智能系统。其将专家系统、模糊推理、人工神经网络等人工智能技术应用于制造中，它在制造过程中能进行智能活动，如分析、推理、判断、构思和决策等。智能制造技术的宗旨是通过人与智能机器的合作共事，去扩大、延伸和部分取代专家在制造过程中的脑力劳动。

柔性制造、集成制造、智能制造是制造技术发展的三个阶段。柔性制造强调单件小批量、多品种生产的高度自动化和可变性。集成制造强调信息流和物质流集成。智能制造强调发挥人的创造能力，以人为系统的主导者，用机器实现人的思维活动。三者虽然不同，但关系十分密切，目前在集成制造系统中应用了不少人工智能技术，在现阶段它们虽然主要是起辅助支撑作用，但智能技术促进了集成水平的提高。在智能制造系统中，集成是智能的重要支撑和基础。

（一）IMS 的内容

智能制造技术的内容大体上可以分为三个方面，即专家系统、模糊推理和神经网络。

1. 专家系统

专家系统是当前主要的人工智能技术，它首先是要采集领域专家的知识，将其分解为事实与规则，通过推理做出决策，主要适用于解决一些比较简单的确定性问题。但是其在过程控制中的推理判断有一段延迟过程，因此不易满足实时性要求。

2. 模糊推理

模糊推理又称模糊逻辑，它是依靠模糊集和模糊逻辑模型进行多个因素的综合考虑，采用关系矩阵算法模型、隶属度函数加权、约束等方法，处理模糊的、不完全的乃至相互矛盾的信息的方法。它主要用于解决不确定现象和模糊现象，因此需要经验感知来判断问题。

3. 神经网络

人们通常在其前面冠以"人工"二字，以说明研究这一问题的目的在于寻求新的途径来解决目前计算机不能解决或不善于解决的一大部分问题。神经网络是人脑部分功能的某些抽象简化与模拟，由数量巨大的、以神经元为主的处理单元互联构成，其通过神经元的相互作用来实现信息处理。它可大规模并行分布处理信息，具有类似人的自学习、学习联想、自适应等能力，在智能控制模式识别、非线性优化等方面有良好的应用前景，适用于实时处理动态多变的复杂问题。

（二）IMS 的特点

1. 系统的自组织能力

IMS 中的各种智能设备，如智能数控车床、智能加工中心、智能机器人和自动导向小车等，能够按照工作任务的要求，以最优方式自行集结成一种最合

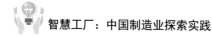

适的系统进行运行。任务一旦完成该系统则随即自行解体，以在下一项任务中集结成新的优化系统。

2. 系统的自律能力

IMS 能根据周围环境和自己的作业状况进行自动监测及处理，并可根据处理结果调整控制策略，以采用最佳行动方案。

3. 人机一体化

IMS 不是"人工智能系统"，而是人机一体化智能系统。在人机一体化 IMS 中，一方面人的核心地位必须确定，另一方面人与机器之间又表现出一定程度的平等共事，相互"理解"和相互协作的关系。与传统的制造系统不同，在 IMS 中出现的智能机器具有一定程度的自律能力，因此它们与人的关系不再仅仅是一种操作与被操作之间的关系。

4. 虚拟技术

虚拟技术也被称为仿真技术或虚拟制造技术，是 IMS 中新一代的人机界面技术。虚拟技术以计算机为基础，采用各种音像和传感装置，将信号处理，信息的动态操作、智能推理、预测、仿真，现代多媒体技术融为一体，虚拟出一个"看得见、摸得着"的"制造过程"和它的"产品"，甚至还虚拟出该产品的"消费"和"消耗"过程。这个虚拟的制造过程是对真实制造过程的模拟和预测，它与真实制造过程的贴近程度反映了虚拟技术的水平。

5. 系统的自学习和自维护能

IMS 能以原有的专家知识为基础，在实践中学习，不断增进系统知识库中有用的知识并删除过时的甚至错误的知识，使系统知识库日益完善，并实现最优化。

6. 系统注重整个制造环境的智能集成

IMS 涵盖了产品的市场、开发、制造、管理和服务整个过程，它在强调各个生产环节智能化的同时，更注重整个制造环境的整体智能集成。

CIMS 注重企业内部物料流和信息流的集成，而 IMS 则注重大范围内整个制造过程的自组织能力，因而难度更大。然而，CIMS 中有许多研究内容正是 IMS 发展的基础，而 IMS 又对 CIMS 提出了更高的要求。总之，它们的关系是，集成是智能的基础，而智能又推动集成达到更高水平。

第六节　产品数字化开发的集成技术

产品制造包括产品从市场需求到最终的报废过程中的全生命周期活动。这些活动不仅在企业内部进行，还涉及多个企业之间的协作，甚至扩展到全球范围内的动态企业联盟。目前，产品制造面临的新挑战包括对于新产品（P）及其开发时间（T）、质量（Q）、成本（C）、服务（S）、环境清洁（E）和知识含量（K）的持续改善与竞争。

产品制造数字化集成技术正是为了适应这种竞争背景，在相关新技术推动下提出并发展的一门综合性技术。它融合了信息技术、建模与仿真技术、现代管理技术、设计/生产/实验技术、系统工程技术及产品有关的专业技术，并将它们综合应用于企业或集团产品研制的全系统、全生命周期活动中，使其中的人与组织、经营管理、技术（三要素）及信息流、物流、价值流、知识流集成优化，进而改善企业（或集团）的 P/T/Q/C/S/E/K，以达到增强企业或集团的市场竞争能力，实现跨越式发展的目标。

产品制造数字化集成的内容主要针对"产品全生命周期"，即从产品的市场需求到最终的报废处理活动中的信息集成、过程集成、企业集成；异地空间范围的全系统活动中的人流、信息流、物流、价值流、知识流集成；系统中人、经营管理、技术的集成。其关键技术主要包括系统总体集成技术、共性支撑技术、中间件与共性集成平台技术、面向应用的集成技术等。

面向应用的集成技术包括 PLM/PDM 技术。产品全生命周期管理（PLM）是以产品为核心，以产品供应链为主线，为企业提供一种从整体上实现对产品生命周期中各个阶段及相关信息、过程和资源进行优化管理的解决方案。传统的产品数据管理（PDM）主要局限于产品的工程设计领域，而对于 PLM 来说，其要管理产品全生命周期各个不同阶段的信息、过程和资源，还要管理信息与信息、资源与资源、过程与过程、信息与过程、信息与资源、资源与过程之间更加复杂的关系。

PLM 包含以下方面的内容：第一，基础技术和标准（例如 XML、可视化、协同和企业应用集成）；第二，信息创建和分析的工具（如机械 CAD、电气 CAD、CAM、CAE、计算机辅助软件工程 CASE、信息发布工具等）；第三，核心功能（如数据仓库、文档和内容管理、工作流和任务管理等）；第四，应用功能（如配置管理）；第五，面向业务与行业的解决方案和咨询服务（如汽车和高科技行业）。

第六章　智能工厂

第一节　智能工厂概述

一、智能工厂的概念和特点

智能工厂将智能设备与信息技术在工厂层级完美融合，涵盖了企业的生产、质量、物流等环节，是智能制造的典型代表，主要包括工厂、车间和生产线及产品从设计到制造实现的转换过程。智能工厂将设计规划从经验和手工方式转化为计算机辅助数字仿真与优化的、精确可靠的规划设计，在管理层有EPR系统为管理层提供针对质量管理、生产绩效、依从性、产品生命周期管理等方面的业务分析报告；在控制层由MES系统实现对生产状态的实时掌控，快速处理制造过程中物料短缺、设备故障、人员缺勤等各种异常情形；在执行层面由工业机器人、数控机床和其他智能制造装备系统完成自动化生产流程。数字化智能工厂能够减少试生产和工艺规划时间，缩短生产准备期，提高规划质量，提高产品数据统一与生产效率，优化生产线的配置，降低设备和人员投入，实现制造过程智能化与绿色化。

智能工厂由赛博空间中的虚拟数字工厂和物理系统中的实体工厂共同构成。其中，实体工厂部署有大量的车间、生产线、加工装备等，为制造过程提供硬件基础设施与制造资源，也是实际制造流程的最终载体；虚拟数字工厂则是在这些制造资源及制造流程数字化模型的基础上，在实体工厂的生产之前对整个制造流程进行全面建模与验证。为了实现实体工厂与虚拟数字工厂之间的通信和融合，实体工厂的各制造单元中还配备有大量的智能元器件，用于制造过程中的工况感知与制造数据采集。在虚拟制造过程中，智能决策与管理系统要对制造过程进行不断的迭代优化，使制造流程达到最优；在实际制造中，智能决策与管理系统则对制造过程进行实时监控与调整，进而使制造过程体现出自适应、自优化等智能化特征。

由上述可知，智能工厂的基本框架体系中包括智能决策与管理系统、企业虚拟制造平台、智能制造车间等关键组成部分。与传统的数字化工厂、自动化工厂相比，智能工厂具备以下几个突出特征。

1. 制造系统集成化

作为一个高层级的智能制造系统，智能工厂表现出了鲜明的系统工程属性，具有自循环特性的各技术环节与单元按照功能需求组成了不同规模、不同层级的系统，系统内的所有元素均是相互关联的。在智能工厂中，制造系统的集成主要体现在以下方面：首先是企业数字化平台的集成，在智能工厂中，产品设计、工艺设计、工装设计与制造、零部件加工与装配、检测等各制造环节均是数字化的，各环节所需的软件系统均集成在同一数字化平台中，使整个制造流程完全基于单一模型驱动，避免了在制造过程中因平台不统一而导致的数据转换等问题；其次是虚拟工厂与真实制造现场的集成，基于全资源的虚拟制造工厂是智能工厂的重要组成部分，在产品生产之前，制造过程中所有的环节均会在虚拟工厂中进行建模、仿真与验证。在制造过程中，虚拟工厂管控系统向制造现场传送制造指令，制造现场将加工数据实时反馈至管控系统，进而形成对制造过程的闭环管控。

2. 决策过程的智能化

传统的人机交互中，往往是作为决策主体的人支配"机器"的行为，而智能制造中的"机器"因部分拥有、拥有或扩展人类智能的能力，使人与"机器"共同组成决策主体，在同一信息物理系统中实施交互，信息种类及交流方法更加丰富，从而使人机交互与融合达到前所未有的深度。制造业自动化的本质是人类在设备加工动作执行之前，将制造指令、逻辑判断准则等预先转换为设备可识别的代码并将其输入制造设备中。此时，制造设备可根据代码自动执行制造动作，从而节省了此前在制造机械化过程中人类的劳动。在此过程中，人是决策过程的唯一主体，制造设备仅仅是根据人输入的指令自动地执行制造过程，而并不具备如判断、思考等高级智能化的行为能力。在智能工厂中，"机器"具有不同程度的感知、分析与决策能力，它们与人共同构成了决策主体。在"机器"的决策过程中，人类向制造设备输入决策规则，"机器"基于这些规则与制造数据自动执行决策过程，这样可将由人为因素造成的决策失误降至最低。与此同时，在决策过程中形成的知识可作为后续制造决策的原始依据，进而使决策知识库得到不断优化与拓展，从而不断提升智能制造系统的智能化水平。

3. 加工过程的自动化

车间与生产线中的智能加工单元是工厂中产品制造的最终落脚点，智能决策过程中形成的加工指令将全部在加工单元中得以实现。要想能够准确、高效地执行制造指令，数字化、自动化、柔性化就是智能制造单元的必备性质。首先，智能加工单元中的加工设备、检验设备、装夹设备、储运设备等均是基于单一数字化模型驱动的，这避免了传统加工中由于数据源不一致而带来的大量问题。其次，智能制造车间中的各种设备、物料等大量采用如条码、二维码、RFID 等识别技术，使车间中的任何实体均具有唯一的身份标识，在物料装夹、储运等过程中，系统通过对这种身份的识别与匹配，实现物料、加工设备、刀具、工装等的自动装夹与传输。最后，智能制造设备中大量引入了智能传感技术，人们通过在制造设备中嵌入各类智能传感器，实时采集加工过程中机床的温度、振动、噪声、应力等制造数据，并采用大数据分析技术来实时控制设备的运行参数，使设备在加工过程中始终处于最优的效能状态，实现设备的自适应加工。例如，传统制造车间中往往存在由于地基沉降而造成的机床加工精度损失，通过在机床底脚上引入位置与应力传感器，人们即可检测到不同时段地基的沉降程度，这时人们通过调整机床底角即可弥补该精度损失。此外，系统通过对设备运行数据的采集与分析，还可总结在长期运行过程中设备加工精度的衰减规律、设备运行性能的演变规律等。通过对设备运行过程中各因素间的耦合关系进行分析，人们可提前预判设备运行的异常，并实现对设备健康状态的监控与故障预警。

4. 服务过程的主动化

制造企业可以通过信息技术、网络化技术，根据用户的地理位置、产品运行状态等信息，为用户提供产品在线支持、实时维护、健康监测等智能化功能。这种服务与传统的被动服务不同，它能够通过对用户特征的分析，辨识用户的显性及隐性需求，主动为用户推送高价值的资讯与服务。此外，面向服务的制造将成为未来工厂建设中的一种趋势，集成广域服务资源的行业物联网将越来越智能化、专业化，企业对用户的服务将在很大程度上通过若干联盟企业间的并行协同实现。用户所体验到的服务的高效性与安全性也随之提升，这也是智能工厂服务过程的基本特点。

5. 智能决策与管理系统

智能决策与管理系统是智能工厂的管控核心，负责市场分析、经营计划、物料采购、产品制造及订单交付等各环节的管理与决策。通过该系统，企业决策者能够掌握企业自身的生产能力、生产资源及所生产的产品，能够调整产品的生产流程与工艺方法，并能够根据市场、客户需求等动态信息做出快速、智能的经营决策。

一般而言，智能决策与管理系统包含了企业资源计划（ERP）、产品全生命周期管理（PLM）、供应链管理（SCM）等一系列生产管理工具。在智能工厂中，这些系统工具的最突出特点在于：一方面能够向工厂管理者提供更加全面的生产数据及更加有效的决策工具，相较传统工厂，在解决企业产能、提升产品质量、降低生产成本等方面，能够发挥更加显著的作用；另一方面，这些系统工具自身已达到了不同程度的智能化水平，在辅助工厂管理者进行决策的过程中，能够切实提升企业生产的灵活性，进而满足不同用户的差异化需求。

6. 企业数字化制造平台

企业数字化制造平台需要解决的问题是如何在信息空间中对企业的经营决策、生产计划制造过程等全部运行流程进行建模与仿真，并对企业的决策与制造活动的执行进行监控与优化。这其中的关键因素包括以下两点。

一是制造资源与流程的建模与仿真。在建模过程中，人们需要着重考虑智能制造资源的三个要素，即实体、属性和状态。其中，实体可通俗地被理解为智能工厂中的具体对象；属性是在仿真过程中实体所具备的各项有效特性；智能工厂中各实体之间相互作用而引起实体的属性发生变化，这种变化通常可用状态的概念来描述。智能制造资源通常会由于外界变化而受到影响。这种对系统的活动结果产生影响的外界因素可被理解为制造资源所处的环境。在对智能制造资源进行建模与仿真时，人们需要考虑其所处的环境，并明确制造资源及其所处环境之间的边界。

二是建立虚拟平台与制造资源之间的关联。通过对制造现场实时数据的采集与传输，制造现场可向虚拟平台实时反馈生产状况，其中主要包括生产线、设备的运行状态，在制品的生产状态，过程中的质量状态，物料的供应状态等。在智能制造模式下，数据形式、种类、维度、精细程度等将是多元化的，因此数据的采集、存储与反馈也需要与之相适应。在智能制造模式下，产品的设计、加工与装配等各环节与传统的制造模式均存在明显不同。因此，企业数字化制造平台必须适应这些变化，从而满足智能制造的应用需求。

在面向智能制造的产品设计方面，企业数字化制造平台应提供以下两方面的功能：首先，能够将用户对产品的需求及研发人员对产品的构想建成虚拟的产品模型，完成产品的功能和性能优化，通过仿真分析在产品正式生产之前保证产品的功能性能满足要求，减少研制后期的技术风险；其次，其能够支持建立满足智能加工与装配标准规范的产品全三维数字化定义，使产品信息不仅能被制造工程师所理解，还能够被各种智能化系统接收并被无任何歧义地理解，从而能够完成各类工艺、工装的智能设计和调整，并驱动智能制造生产系统精确、高效、高质量地完成产品的加工与装配。

在智能加工与装配方面，传统制造中人、设备、加工资源之间的信息交换并没有统一的标准，而数据交换的种类与方式通常是针对特定情况而专门定制的，这导致制造过程中将出现大量的耦合，系统的灵活性将受到极大影响。例如，在数控程序编制过程中，工艺人员通常将加工程序指定到特定的机床中，由于不同机床所使用的数控系统不同，数控程序无法直接移植到其他机床中使用，若当前机床上被指定的零件过多，则容易出现被加工零件需要等待，而其他机床处于空闲状态的情况。

随着制造系统智能化程度的不断提升，智能加工与装配中的数据将是基于统一的模型，不再针对特定系统或特定设备，这些数据可被制造系统中的所有主体所识别，并能够通过自身的数据处理能力从中解析出具体的制造信息。例如，智能数控加工设备可能不再接收数控程序代码，而是直接接收具有加工信息的三维模型，根据模型中定义的被加工需求，设备将自动生成最优化的加工程序。其优势在于：一方面，工艺设计人员不再需要指定特定机床，因此加工工艺数据具有通用性；另一方面，在机床内部生成的加工程序是最适合当前设备的加工代码，进而可以实现真正的自适应加工。

7. 智能制造车间

智能制造车间及生产线是产品制造的物理空间，其中的智能制造单元及制造装备提供的是实际加工能力。各智能制造单元间的协作与管控由智能管控及驱动系统实现。

二、国内外发展现状

为了保持在重要关键技术上的国际顶尖地位，从实际国情出发，德国提出了智能化的工业 4.0 战略计划，工业 4.0 的核心就是智能工厂。

德国智能工厂制作智能名片盒的生产过程如下。

第一步：通过无线电射频技术（RFID）从电脑采集和储存个人及产品信息，建立一个"产品个体身份"，这些信息将在生产流水线的各个环节被射频感应器阅读获得，然后向制造设备发出满足该产品的信息指令。

第二步：将有了"个人身份"的名片盒的底盘部分放入生产流水线。

第三步：具有"个人身份"的底盘进入装配程序之后，被扫描的射频码会告知流水线上的机器人先在盘底放一个夹子，然后套上客户指定颜色的封盖。

第四步：在名片盒的封盖上建立一个包含了名片上个人信息的二维码，也就是将名片信息数码化，用智能手机扫描二维码，这些信息就可以被该手机获得并通过互联网进行实时传播。

第五步：最后对产品进行质量检测，保证该产品是根据客户要求而生产的，产品完全符合该客户的个人要求。

目前，三一重工已建成车间智能监控网络和刀具管理系统，公共制造资源定位与物料跟踪管理系统，计划、物流、质量管控系统，生产控制中心（PCC）中央控制系统等智能系统，还与其他单位共同研发了智能上下料机械手、基于DNC系统的车间设备智能监控网络、智能化立体仓库与AGV运输软硬件系统、基于RFID设备及无线传感网络的物料和资源跟踪定位系统、高级计划排程系统（APS）、制造执行系统（MES）、物流执行系统（LES）、在线质量检测系统（SPC）、生产控制中心管理决策系统等关键核心智能装置，实现制造资源跟踪，生产过程监控，计划、物流、质量集成化管控下的均衡化混流生产。

第二节　数字化智能工厂

一、数字化智能工厂概念

数字化智能工厂是指以计划排产为核心、以过程协同为支撑、以设备底层为基础、以资源优化为手段、以质量控制为重点、以决策支持为体现，实现精细化、精准化、自动化、信息化、网络化的智能化管理与控制，构建个性化、无纸化、可视化、透明化、集成化、平台化的智能制造系统。

数字化智能工厂主要聚焦以下三个方面。

第一，通过科学、快速的排产计划，将计划准确地分解为设备生产计划，是计划与生产之间承上启下的"信息枢纽"，即"数据下得来"。

第二，采集从接收计划到加工完成全过程的生产数据和状态信息，优化管理，对过程中随时可能发生变化的生产状况做出快速反应。它强调的是精确的实时数据，即"数据上得去"。

第三，体现协同制造理念，减少生产过程中的待工等时间浪费，提升设备利用率，提高准时交货率，即"协同制造，发挥合作的力量"。

二、数字化智能工厂的特征

第一，智能设备互联。它是指智能设备的互联互通，包括设备网络化分布式通信、加工程序集中式管理、程序虚拟化制造、基于工业互联网的智能化数据采集、生产工艺参数的实时监测和动态预警等方面。

第二，智能排产计划。其应支持高级自动排产，满足按交货期、精益生产、最优库存、同一装夹优先、已投产订单优先排产等要求，最大限度地满足各类复杂的排产要求；提供图形化的界面，人们通过手工拖曳就可调整计划，易于掌握和使用；高级排产中的能力平衡通过直观的图形、数字表示，系统提供机床负荷及每台机床生产任务的视图及分析功能，以便优化生产和平衡机床负荷；系统应计算分析出可能要拖期的零件和工序，使现场调度人员有针对性地关注其进度并做出快速响应；对于逾期计划，系统可提供工序拆分、调整设备、调整优先级、外协加工等处理措施。

第三，智能生产协同。协同制造将与加工任务相关联的材料、刀具、夹具、数控程序等信息同时传递给相关人员，实现车间级的协同制造；实现3D可视化，支持CATIA、Pro/E、UG等多种数据文件直接浏览，可将3D图形、工艺直接下发到现场，实现生产过程的无纸化生产管理。

第四，智能资源管理。其包含生产资源（物料、刀具、量具、夹具）出入库、查询、盘点、报损、并行准备、切削专家库、统计分析等功能，可以实现库存的精益化管理。

第五，智能决策支持。其提供了各种直观的统计、分析报表，为相关人员决策提供帮助，其中包括计划制订情况、计划执行情况、质量情况、库存情况等。用户可在手机、平板等移动设备上对现场有关生产情况、设备运行情况、质量情况的数据进行浏览和异常处理。

三、数字化智能工厂的层次

1. 数字化制造决策与管控层

一是商业智能与制造智能（BLMI）。其可针对质量管理生产绩效、依从性、产品生命周期管理等提供业务分析报告。

二是无缝缩放和信息钻取。通过先进的可定制可缩放矢量图形技术，使用者可充分考虑本企业需求及行业特点，轻松创建特定的数据看板、图形显示和报表，可快速钻取至所需要的信息。

三是实时制造信息展示。无论在车间还是在公司办公室、会议室，通过PC、大屏幕显示器，用户都可以随时获得所需的实时信息。

2. 数字化制造执行层

一是先进排程与任务分派。其通过对车间生产的先进排程和对工作任务的合理分派，使制造资源利用率和人均产能更高，有效降低了生产成本。

二是质量控制。系统通过对质量信息的采集、检测和响应，及时发现并处理质量问题，杜绝产品质量缺陷。

三是准时化物料配送。系统通过对生产计划和物料需求的提前预估，确保在正确的时间将正确的物料送达正确的地点，在降低库存的同时减少生产中的物料短缺问题。

四是及时响应现场异常情形。系统通过对生产状态的实时掌控，快速处理车间制造过程中常见的延期交货、物料短缺、设备故障、人员缺勤等各种异常情形。

3. 数字化制造装备层

一是实时硬件装备集成。通过对数控设备、工业机器人和现场检测设备的集成，系统可实时获取制造装备状态、生产过程进度及质量参数控制的第一手信息，并传递给执行层与管控层，实现车间制造透明化，为敏捷决策提供依据。

二是多源异构数据采集。采用先进的数据采集技术，系统可以通过各种易于使用的车间设备来收集数据，同时确保系统中生产活动信息传递的同步化和有效性。

三是生产指令传递与反馈。系统支持向现场工业计算机、智能终端及制造设备下发过程控制指令，从而正确、及时地传递设计及工艺意图。

四、数字化智能工厂案例

德国西门子安贝格电子工厂（EWA）始建于20世纪90年代，经过这些年的不断完善，已经成为数字化智能工厂的典范，其产品是可编程控制器。随着应用领域和控制对象的不同，可编程控制器性能、配置、软件和人机界面有着很大的差别，需要按照客户要求进行定制化生产。

安贝格电子工厂约有10 000m² 的车间面积，1000名员工，规模并非很大，但75%以上的生产过程、物料流和信息流都是自动化的，每秒就能够生产1件产品，24h 交货，是效率非常高的工厂。安贝格电子工厂有 1000 台以上设备在线运行，它们都是由不同功能的 SIMATIC 可编程控制器控制的。整个生产过程有 1000 多个在线检查点和 1000 多个扫描点，系统借助各种传感器识别对象和采集各种数据。建厂以来，其生产过程的数据量呈爆发性指数增长。1995 年，每天仅产生 5000 个数据；2000 年，每天产生 50 000 个数据；2014 年，每天产生的各种数据已有 5000 万个之多，是 20 年前的 1 万倍。工厂中的各种数据和运行状态及质量分析结果通过无线网络在设备和移动终端之间传送，实现"人—机""机—机"的通信，构成了工厂内的互联网和物联网。

大数据经过实时分析转换成为有语义的智能数据，实时反馈到设计部门、生产部门和质量管理部门，使人们能及时改进产品的设计和生产过程，这对提高产品质量起到了决定性的作用。统计表明，2014 年安贝格电子工厂百万件产品的缺陷为 11.5，即产品的合格率达到 99.998 85%。换句话说，借助全面数字化改造，产品质量控制有了巨大提高。安贝格电子工厂的成功有赖于硬件和软件的全面集成，是西门子产品生命周期管理 PLM 软件包的全面应用。研发部门的工程师通过 NX 软件进行产品 2D 和 3D 设计，他们借助这一功能强大的 CAD/CAM/CAE 软件不仅完成了产品的数字化设计，还对所设计的产品进行了多学科仿真、模拟加工和装配，大大缩短了产品从设计到分析的迭代周期，真正实现"可见即可得"，提高了产品设计质量。

产品设计数据是数字化工厂数据链的起点，在 NX 软件中完成设计的产品，都会带着专属于自己的数据信息继续"生产旅程"。通过 Teamcenter 软件和数控程序生成器自动生成各种设备的控制程序，不仅减少了 90% 的编程时间，同时实现了不同设备之间的数据交换，保证它们能够相互协同工作。同时，产品设计数据也被写进数字化工厂的数据中心 Teamcenter 软件中，供质量、采购和物流等部门共享。采购部门会依据产品的数据信息进行零部件采购，质量部门会依据产品的数据信息进行验收，物流部门则是依据数据信息进行零部件的确认。

共享数据库是 Teamcenter 的最大特点。当质量、采购、物流等不同部门调用数据时，它们使用的是共享的文档库，并且通过主干网络快速地连接到各责任方，这样即使产品数据发生更新，不同的部门也都能第一时间得到最新的数据。这就使得研发团队的工作量变得简单、高效，避免了传统企业产品研发和生产环节或不同部门之间由于数据平台不同造成的信息传输壁垒。数据的同步更新避免了传统制造企业经常出现的由于沟通不畅产生的差错，使工厂的生产和管理效率大大提升。

第三节　基于 GPS 的智能工厂

一、GPS 理论下的智能工厂特点

（一）自动化和互联的设备

实现智能工厂的重要前提之一是增加可以用自动化手段进行数据采集，从而取代手工数据录入的设备数量。机器设备可以通过传感器或 RFID 标签不停地收集数据，并进行数据交换。但是，一台"智能的"设备不仅可以接收和处理信息，而且还可以在不需要人参与的情况下就做出决策。例如，一台设备有产能富余，而另一台没有，这两台设备可以相互识别出这一状况并开展相互帮助。

（二）产品智能化且可配置

在基于 GPS 的智能工厂环境中，所有的系统、设备和产品都是互联的，因此生产变得更加有柔性，能在较短的通知提前期下进行调整和修改。这就可以让生产定制化的、高度可配置的产品的成本比肩大规模制造。最基本的智能产品拥有其生命周期里的全部信息，并且可以与设备系统或 MES 就这些信息进行持续不断的数据交换。这些数据被存储在云端，又称为"智能数据"。为了让产品实现智能，人们需要给产品提供唯一的产品标识、通信能力、感知能力等。

产品的标识保存在 MES 中，它可以与其他系统通信，系统可以通过查询产品上的条码、RFID 标签或传感器获得这些标识。

通过驻留在云端的"智能数据"，智能产品可以在生产过程中通过提供相应的细节信息将这些信息与其他系统进行共享，来进行更好的计划，提高生产效率和资料利用率。

这些细节信息的例子包括产品的位置、下一步的生产步骤、需要安装哪些零部件、生产时使用的参数、产品应该使用的包装、产品目的地、之前的生产历史信息（包括上述问题的零部件的安装历史、生产参数的使用）等。

在智能产品或盛载产品的托盘上的条码、RFID 标签或内嵌的传感器可以与 MES 持续地交换信息，从而让设备知道这个产品是什么及应该如何生产。由于产品上有标识信息，MES 可以"读取"该产品当前的位置、当前的状态、下一步的生产流程，并且可以"写入"完工的信息、测量结果及其他生产数据。

实际上，现今的 MES 已经可以指导产品在车间里的生产步骤，确保制造过程正确执行。

在制造的整个环节中，产品数据既可以存放在 ERP 中，也可以存放在 MES 或其他系统中。但是，一旦产品离开了车间，那系统就需要用一种可能的方式将数据"写入"产品中，这样就可以在离开了生产环境之后，也可以对产品进行追踪。

在未来，无论是制造企业里的资产还是产品都可以借助物联网的技术来承载自己的信息，并进行互相通信。这种通信不仅在两个对象之间进行，还可以跨越车间、工厂、企业、穿越不同的业务系统和供应网络的各个层次。

除了产品的智能化之外，可配置性也是智能产品的重要特性。它可以帮助人们改变目前实现智能产品目标的手段，并让其更有效率。此外，新的产品还将通过应用先进的材料和零部件，更多地加入互联和智能的功能。

（三）智能的机器和流程

现在，要工厂针对一个单独的产品获取关于资源利用的信息是不可能的。典型的情况是，工厂只能对平均值进行搜集、存储和分析。但是，如果产品有自己的存储能力（如 RFID 芯片或支持云的存储），制造商就可以采集和存储关于该产品在哪里、在何种条件下被生产的信息，并且做出如何使用资源来生产这一特定的产品的决策。应用 GPS 技术，系统可以监控管理流程，提供智能支持，配置自治的生产设施。

根据欧盟委员会发布的"未来工厂"的相关内容，在生产类型和数量快速变化的背景下，让设备、单元和工厂的升级更加容易，并且易于配置，这对于实现灵活和及时响应的制造流程来说是很重要的。因此，制造系统应该成为智能的、可交换的机械电子模块的组合，人们可以通过机电设备和内置的带有学习功能的控制器，让系统的行为更加能适应变化的环境。这意味着：第一，非结构化的车间环境应具有支持设备和机器人的嵌入式认知功能；第二，机器和机器人需要更加先进的传感与感知技术，使其在不可预知的变化下依旧保持稳健的行为，从而在不断增加的不确定性下很好地工作；第三，系统要有自我监控和自我恢复的能力。

工厂、设备、工装、产品、数据库和人互联在一起，持续地进行信息的交换，并通过"设备云"加以连接。设备可以进一步与电子设备或网络通过不同的协议，如蓝牙、HTTP、OPC、NFC、WiFi、4G 或 5G 等进行连接。进一步来说，机械不仅可以相互连接，还可以与供应链上的各种系统进行通信，获取关于客户、供应商、零部件、工具、产品、维修计划等方面的必要信息。每个系统都能够辨识自己的状况，发布相关的信息，这样便可以让相互可操作的设备能够立即采取必要的行动。

系统的智能化体现在不仅可以操控和监控生产执行流程，搜集生产数据，还能够基于采集的数据进行实时分析，给工厂提供实时帮助。其包括：第一，供工人使用的人机界面（其要基于下一个生产步骤或者被扫描的产品或订单动态刷新用户界面，从而避免工人手工进行交互）；第二，面向流程的模拟和可视化（显示可视化的辅助信息，如三维图像），让工人可以更快及更好地理解工艺、变更和指令。

（四）具有知识的人

复杂的制造系统依赖人和自动化的联合来实现制造目标。传统的、静态的设计和运行制造系统的手段已经不再适用，其正被可适应的、动态变化的系统所替代。制造任务需要在人和自动化设备之间进行优化分配，只要在某一时间点上人或设备之间有一方可以更好地执行任务即可。另外，产品高度易变、定制化等情况，也需要实现以人为中心的自动化。与此同时，系统还需要围绕操作的人来提高自动化水平，使用先进的传感器和精密的设备来发挥人类的认知能力。

智能的加工环节可以将工人与最好的技术能力结合起来，在动态变化、充满不确定性和风险的环境中，做出最好的响应。在这个智能的环境中，人具有以下特点：第一，有知识，受过良好的培训；第二，可以通过各种网络工具进行互联；第三，可以适应系统的性能。

二、GPS 理论下智能工厂案例

（一）优倍电气"互联网＋"时代的智能工厂

南京优倍电气有限公司（以下简称优倍电气）是一家致力于安全栅、隔离器、温度变送器、浪涌保护器等工业信号接口仪表研发与制造的公司。优倍电气在2011 年开始投入巨资提升生产线的自动化水平，拥有了机器人、智能物料塔、选择性波峰焊等一系列世界先进的生产装备，并自行研发了虚拟仿真、大数据应用等信息管控系统。

2015 年以来，优倍电气积极响应政府"互联网＋"号召，涉足智能智造自动化领域，成立南京优倍自动化系统有限公司，开始了"互联网＋工业 4.0"

的探索。该公司研发了生产智能物料塔、智能高低温综合测试系统、智能变轨接驳台等一系列智能化装备，并具备项目规划、智能装备定制、机器人技术、自控系统集成等能力，同时以自主知识产权的 MS 等软件为核心，结合 ERP、WMS、PLM、OA、CRM 等信息系统，为客户提供了智能工厂实施的一站式解决方案。

1. 一期：基础的信息化和自动化

该公司在自动化建设初期引进先进的智能装备，搭建物联网系统，实现以数据交互为中心的工业总线布局，将生产线上的各类数据采集终端通过基于物联网的标准工业总线集成在一个网络中，打通数据通信层面的壁垒。

2. 二期：数字车间的信息化

可视化车间实现了智能物料配送、来料验收、现场异常呼叫、设备状态监控、过程质量控制、生产统计、质量统计、成品检验等生产全过程数据报表的可视化。在这个过程中，智能制造最核心的软件 MES、PLM 得到实施和应用。同时，ERP 开始涉及排产等功能，成为连接生产制造过程的数据管控软件。整个产线实现了条码管理。

3. 三期：生产由数字化发展为智能化

该公司在这一时期从根本上大幅提升了信息化及管控软件的水平，利用互联网技术，实现 ERP-MES 的智能对接，让管理无处不在，不但能够实现互联网下单、生产远程在线监控、业务优化等功能，而且可以连接云平台与大数据，实现协同制造、优化业务和服务。

（二）基于物联网和大数据的产品追踪系统

上海翔港包装科技股份有限公司（以下简称翔港）针对自身企业生产的特点，依托工业物联网和"互联网＋"技术，开发和建设了包装印刷企业数字生产车间及智能物流系统示范基地，其中包括条码与 RFID 结合的条码管理系统和生产设备条码识别部件及智能控制系统等。

条码与 RFID 结合的条码管理系统统一了产品标签包装标签格式，规范了条码在生产流程中的使用，保证生产设备和智能物流设备对物料和产品的识别、移动终端的实时出入库操作、移动终端批量出库数据采集、产品服务跟踪。

根据条码与 RFID 结合的条码管理系统该公司定制开发实施了产品防窜货的物流追踪系统。该系统依据防窜货信息收集、防窜货信息管理、防窜货信息查询等多个方面进行窜货现象治理，从产品生产周期的控制和产品销售周期的控制两个方面进行数据信息化验证，确保防窜货设计逻辑的严谨性。

产品追踪系统从生产和销售流程进行防窜货的功能点的切入，真正做到对端到端的产品销售渠道进行管控，翔港利用自身生产过程中形成的可变二维码技术来实现系统的管控功能。系统的主要功能如下。

第一，每一件商品外箱都有唯一可识别的信息——在外箱两侧有一组相同的二维码，内盖有一个激光码。

第二，在工厂对产品进行赋码，并且进行箱垛关联。

第三，商品出库运输到指定区域或客户的时候，仓库配送人员使用传送带装置或手持扫描枪扫描每一托盘、每一件外箱的二维码，从而使信息传输到系统，记录货物最终的去向。

第四，在市场上授权人员可以通过使用手机扫码及授权的登录方式查看货物，从而了解是否有窜货。

在上述系统基础上，翔港进行了多元化拓展，为相关生产制造行业提供了涵盖供应商、物流、渠道、销售及最终用户的完整产业链和价值链的解决方案，如利用可变二维码结合一些新的印刷技术将可以实现的功能整合在一个平台上，供各行业及领域的客户使用，帮助这些客户更好地进行供应商监督和管理、生产过程管理、渠道和销售管理、产品流通管理。其进一步开发了基于物联网和大数据的产品追踪系统平台项目，对防窜货系统项目进行了升级和功能拓展，这主要体现在以下几个方面。

第一，从仅针对产品销售过程的追踪拓展到针对整个产品生命周期的追踪，包括了针对供应商原材料、零部件等的追踪。

第二，从面向单一客户特定产品的解决方案拓展到多领域、多行业、多产品的解决方案。

第三，从单一应用系统提升到平台示范应用层面，将供应商、渠道、销售门店及最终用户通过平台整合起来。

第四，利用物联网感知技术，在各个过程中采集数据，具有更多类型、更大容量的数据存储和处理能力。

第五，利用大数据分析技术，一方面更好地与用户形成良性互动，更好地理解用户需求，从而更好地改进产品质量和功能；另一方面更好地进行供应商、渠道等的监管和管理。

该系统平台属于物联网和工业大数据范畴，可复制应用于各个领域的工业产品生产和物流追踪，促进制造业整个产业链的各个环节的质量改善、设计改进和功能完善。

参考文献

［1］陈国华，江惠民. 基于大数据的智慧工厂生产系统研究［M］. 南京：南京大学出版社，2019.

［2］杨剑锋，李江，闵永智. 电力系统自动化［M］. 杭州：浙江大学出版社，2018.

［3］宋卫海，王昂，马百杰. 工业自动化技术在行业中的应用［M］. 北京：北京理工大学出版社，2018.

［4］苏春. 数字化设计与制造［M］. 3版. 北京：机械工业出版社，2019.

［5］游伴奏. 基于三大特征的智能印刷工厂建设［J］. 今日印刷，2019（12）.

［6］冉玉梅. 基于PLC的工业自动化立体仓库控制系统设计［J］. 山东化工，2019（21）.

［7］王欣. 智能平台系统发展与市场需求探讨［J］. 中国新通信，2019（20）.

［8］张威. 论制造业企业财务管理信息化的问题及对策［J］. 财经界（学术版），2019（20）.

［9］王可，周亚拿. 信息化建设、供应链信息分享与企业绩效——基于中国制造业企业的实证研究［J］. 中国管理科学，2019（10）.

［10］周文进. 自动化控制技术与计算机技术研究［J］. 湖北农机化，2019（19）.

［11］袁紫嫣，马万新. 制造业管理会计信息化研究［J］. 中国市场，2019（30）.

［12］张伟东. 数字化转型背景下制造业和服务业的融合发展［J］. 现代工业经济和信息化，2019（9）.

［13］叶青．视见科技：破局人工智能医疗［J］．科学之友，2019（10）．

［14］孙怀义，莫斌，杨璟，等．工厂自动化未来发展的思考［J］．自动化与仪器仪表，2019（9）．

［15］张伟东，王超贤，孙克．探索制造业数字化转型的新路径［J］．信息通信技术与政策，2019（9）．

［16］薛纯，杨瑾．信息化驱动装备制造业转型升级机理研究［J］．西安财经学院学报，2019（5）．

［17］王韶磊．信息化驱动装备制造业转型升级探讨［J］．商讯，2019（22）．

［18］路红艳，梁威．制造业数字化转型的难点与对策［J］．智慧中国，2019（7）．

［19］周琳．浅谈成本管理信息化在制造业的作用［J］．商讯，2019（20）．

［20］刘跃华，罗姗姗．制造业信息系统建设及企业价值增值分析［J］．中小企业管理与科技（上旬刊），2019（7）．

［21］张丽杰，朱慧云．由制造业信息化指数看中国制造业未来发展方向［J］．经贸实践，2018（23）．

［22］刘静．"互联网＋制造业"融合发展探讨［J］．合作经济与科技，2018（24）．

［23］郭燕青，李海铭．信息化对我国制造业技术创新影响的实证研究［J］．技术经济与管理研究，2018（11）．

［24］吴佳．机械工业信息化技术应用研究［J］．科技风，2018（25）．